에르고드
이코노미

Physics

에르고드
이코노미

Ergodic Economy

왜 경제학은 우리의 삶을
반영하지 못할까?

권오상

믹스북스

일러두기

1. 비교의 용이함과 이해의 편의를 위해 외국 돈을 우리 돈으로 환산할 때 시점을 무시하고 다음과 같은 단순한 비율을 사용했다. 미국 1달러는 1,200원, 1유로는 1,400원, 영국 1파운드는 1,600원, 덴마크 1크로네는 180원, 오스트레일리아 1달러는 1,000원, 1엔은 10원, 그리고 1위안은 180원으로 가정했다.
2. 가독성을 위해 본문에서는 인명, 기관명, 책 제목, 논문 등의 원어 병기를 생략했으며, 대신 찾아보기에 기재했다.

사랑하는 아내 윤경에게

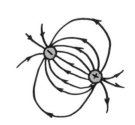

새로운 경제학을 찾아서

 나는 오랫동안 하나의 의문을 갖고 살아왔다. 왜 경제학은 그토록 그리스도의 가르침과 어긋날까 하는 의문이었다.

 경제학이 전제하는 일명 '호모 에코노미쿠스'는 오로지 자신만의 경제적 이익을 추구하는 이기적인 인간이다. 모든 사람이 호모 에코노미쿠스처럼 행동한다면 그들로 구성된 사회는 17세기 토마스 홉스가 『리바이어던』에서 말한 "만인의 만인에 대한 전쟁" 상태에 놓일 터다. 그것은 곧 '지상 지옥'과 다름이 없다.

 경제학은 지상 지옥에 대한 대답을 갖고 있다. 18세기 애덤 스미스가 『국부론』에서 딱 한 번 언급한 '보이지 않는 손'이다. 스미스는 푸줏간 주인, 양조장 주인, 빵집 주인이 자신의 이익을 챙기려 한 덕분에 우리가 저녁 식사를 마련할 수 있다고 썼다. 후대의 경제학자들은 스미스를 거론하며 사익 추구가 자동으로 사회 전체의 이익을 낳는다고 주장했다.

나는 그들의 주장에 설득되지 않았다.

말에는 세상을 지배하는 힘이 있다.

우리는 언어의 렌즈로 세상을 바라본다. 우리가 쓰는 말은 곧 우리가 인식하는 세계다. 달리 말해 말로 나타내지 않은 것을 우리가 이룰 재간은 없다. 루트비히 비트겐슈타인이 『논리철학논고』에서 밝혔듯이 "내 언어의 한계는 곧 내 세계의 한계"다.

예를 들어보자. 20세기 내내 "기업의 궁극적인 목적은 이윤과 주주가치의 극대화에 있다"는 말이 흔히 주장되었다. 대학에서 그렇게 가르쳤고 기업에서 그렇게 말해졌다. 그들이 말한 대로 세상은 굴러갔다. 기업들은 더 많은 이익을 얻기 위해서라면 그 어떠한 일도 마다하지 않았다.

결과가 어땠을까? 우리는 그 답을 잘 안다. 약 10년마다 도돌이표처럼 발생하는 금융위기와 경제공황, 그리고 우리가 사는 지구환경의 되돌리기 쉽지 않은 파괴였다. 허우적대듯 살아도 남들 쫓아가기 어려운 불평등의 문제도 덤으로 주어졌다.

이유는 다른 데 있지 않았다. 모두가 이기심으로 사리사욕을 채우면 필연적으로 벌어질 일이었다. 시장을 독점하고 값을 올리면 너는 고통을 받지만 나는 돈을 번다. 계속 땅에서 화석연료를 캐서 팔면 너의 후손은 집이 물에 잠기지만 나는 돈을 번다.

해결책은 과연 없는 것일까? 정녕 우리는 앞으로도 모든 걸 체념한 채로 계속 이렇게 살아가야만 하는 걸까?

경제학이 근본 원인임을 깨달았다면 해결책은 멀리 있지 않다. 새로운 경제학을 만들면 된다. 우리가 사는 21세기를 이끌어 갈 새로운 경제학의 이름은 '에르고드 경제학' 혹은 '기도 경제학'이다.

에르고드 경제학은 최근 영국에서 정립되고 있는 새로운 경제학이다. 기존 경제학이 암묵적으로 전제한 일명 에르고드 가정이 실제의 경제에서 성립되지 않음에 주목하면서 생겨난 분야다. 에르고드^{ergod}라는 개념은 19세기 물리학에서 유래되었다. 에르고드 경제학은 물리학에서 확립된 방법론에 기반하여 실제의 경제를 진정으로 에르고드하게 만드는 길을 찾으려 한다. 그래야만 모두의 생존과 장기적 성장이 가능해진다. 보다 구체적으로 그것이 무엇이며 왜 그러한 이름을 갖게 되었고 어떠한 세계를 꿈꾸는지가 이 책의 내용이다. 말이 바뀌면 세상이 바뀔 수 있다.

희망과 미래를 담은 이 책을 쓸 수 있도록 해 주시니, 하느님, 감사합니다.

2023년 9월

자택 서재에서

권오상

1장

왜
기존 경제학으로는
세상의 문제를
해결할 수 없는가?

대답 없는 메아리가 된
영국 여왕 엘리자베스 2세의 질문은 무엇이었나____

다수의 경제학자들은 경제의 모든 문제가 해결되었다고 말한다. 위엄 있는 표정으로 그렇게 말하는 경제학자를 만나기는 결코 어렵지 않다. 경제 문제에 대한 그들의 진단과 처방은 대개 똑같다.

그들의 대표격으로 시카고대학의 로버트 루카스를 언급할 만하다. 신고전파 경제학의 중심인물로 꼽히는 그는 "합리적 기대 가설을 개발한" 공로로 1995년 스웨덴중앙은행이 상금을 대는 '알프레드 노벨을 기리는 경제과학상'을 받았다.* 한국의 대학생들에게도 널리 읽히는 경제학 교재를 쓴 하버드대학의 그레고리

맨큐는 루카스를 "20세기 후반의 가장 영향력이 큰 거시경제학자"라고 치켜세웠다.

권위 있는 미국경제학회 회장으로서 루카스는 2003년 1월 동료 경제학자들 앞에서 다음처럼 선언했다.

"이 연설에서 내 논지는 거시경제학이 (대공황 같은 경제 재난을 막는 데) 성공했다는 것입니다. 즉 불황 예방의 핵심 문제는 모든 실질적 목적상 풀렸고, 실제로 지난 수십 년간 해결되어 왔습니다."

한마디로 거시경제학 덕분에 대공황 같은 위기가 다시는 발생할 수 없다는 단언이었다.

하지만 아뿔싸, 그로부터 5년 뒤 금융위기가 미국에 다시 찾아왔다. 2008년의 금융위기로 미국인들은 구직을 포기한 사람까지 포함해 100명 중 16명꼴로 일자리를 잃었다. 루카스가 자부했던 거시경제학은 우스꽝스러운 신세가 되었다. 루카스 자신은 물론 제 밥벌이를 잃지 않았다.

루카스가 외로운 처지에 있지는 않았다. 명망 있는 경제협력개발기구^{OECD}의 수석경제학자 장필립 코티스는 2007년 5월 경제협

---

* 흔히 '노벨 경제학상'이라고 통칭하는 이 상은 실제로는 노벨상(Nobel Prize)이 아니다. 노벨 재단에서 수여하는 상이 아니라, 스웨덴중앙은행이 상을 주고 상금도 지급한다. 이 책에서는 '스웨덴중앙은행상(Sveriges Riksbank Prize)'으로 표기한다.

에르고드 이코노미

력개발기구의 정기 간행물에서 "정말로, 현재의 경제 상황은 많은 면에서 이전에 우리가 경험해 온 것보다 낫습니다."라고 썼다. 그로부터 두 달이 지나지 않아 지금은 사라진 미국 투자은행 베어스턴스의 헤지펀드 두 개가 청산되면서 금융위기가 시작되었다.

루카스와 코티스가 예외적인 존재는 아니었다. 국제통화기금 IMF의 수석경제학자 사이먼 존슨도 2007년 봄 "경제 전망에 대한 전반적인 리스크는 6개월 전보다 덜 위협적인 것처럼 보입니다."라는 글로써 세계 경제의 성공을 점치는 말을 쏟아냈다.

여기까지만 들으면 경제학자란 도통 몹쓸 사람 같다. 꼭 그렇지는 않다. 모든 경제학자가 루카스의 오만한 주장에 동의했던 것은 아니었다. 네덜란드 그로닝겐대학의 더크 베체머는 적어도 12명의 경제학자가 2008년 금융위기 이전부터 위기를 경고해왔음을 확인했다. 루카스가 회장으로 있던 미국경제학회의 회원 수는 2만3천 명이 넘는다.

또한 스웨덴중앙은행의 상금을 받았다고 해서 다 루카스 같지는 않았다. 1987년 수상자인 매사추세츠기술원의 로버트 솔로는 2010년 7월 미국 하원 청문회에 나와 다음처럼 증언했다.

"이 나라의 엘리트 대학들과 전세계 많은 중앙은행과 여타 영향력 있는 정책집단을 지배하고 있는 거시경제학의 접근법은 현재의 문제에 대해서 근본적으로 말할 것이 아무 것도 없는 듯합니다. 그것은 어떠한 지침이나 통찰을 제공하지 않으며, 말할 유용한 뭔가가 정말로 없는 것처럼 보입니다."

2018년 수상자인 뉴욕대학의 폴 로머도 거시경제학에 대해 솔로와 비슷한 의견이었다. 2016년 9월 로머는 거시경제학이 갖는 "사실과의 어정쩡한 관계는 탈근대적 아이러니를 저 멀리 넘어서기에 그 자체의 호칭을 받을 만하다. 나는 '탈현실'이라는 말을 제안한다."라고 썼다. 알고 보면 로머는 루카스에게 박사학위를 받은 제자였다.

루카스의 생각에 동의하지 않는 경제학자가 있다고 해서 문제가 사라지지는 않는다. 주류 경제학과 다른 목소리를 내면 중요한 자리에서 체계적으로 쫓겨나고 만다. 바로 로머에게 벌어진 일이 그랬다. 세계은행의 수석경제학자로 있던 로머는 2018년 떠밀리듯 세계은행을 그만뒀다. 쉽게 말해 주류 경제학의 교리를 맹목적으로 따르지 않는 경제학자는 금방 골방 신세가 되고 만다.

그런데 더 흥미로운 사실이 있다. 금융위기를 경고한 12명의 경제학자 중에 신고전파에 속하는 사람은 한 명도 없었다. 사실 루카스나 코티스 그리고 존슨은 소속 기관이 유명하기에 발언이 눈에 띈 경우였다. 신고전파 중 그들이 특별히 능력이 딸려서 헛다리를 짚은 게 아니라는 뜻이다. 능력의 딸림은 고사하고 그들

사이에서 잘하는 사람으로 인정받은 덕분에 그 자리를 차지한 거였다.

그렇다면 왜 루카스, 코티스, 존슨을 포함해 주류 경제학자들은 아무도 금융위기를 예측하지 못했을까? 이 질문은 왜 금융위기가 일어났는지에 대한 질문이 아니다. 난다 긴다 하는 경제학자들이 어떻게 집단적으로 그걸 놓칠 수 있냐는 의문이다.

금융위기가 한창 진행 중이던 2008년 11월, 런던정치경제대학에 한 방문자가 나타났다. 얼룩덜룩한 크림색 옷에 그와 어울리는 모자를 쓴 방문자는 영국 국기 유니언잭을 흔드는 학생들과 아이들의 환영을 받았다. 바로 영국 여왕 엘리자베스 2세였다.

여왕의 방문은 이례적인 일이었다. 이전에 엘리자베스 2세가 런던정치경제대학을 방문한 적은 한 번도 없었다. 영국 왕이 런던정치경제대학을 방문했던 마지막 때는 엘리자베스 2세의 할아버지인 조지 5세가 대학 건물 중 하나인 올드빌딩의 주춧돌을 놓기 위해 왔던 1920년이었다.

여왕의 생애 첫 방문에는 이유가 있었다. 그녀는 런던정치경제대학의 경제학자들에게 묻고 싶은 질문이 있었다. 여왕은 다짜고짜 물었다.

"금융 시스템이 이토록 심하게 녹아내렸는데, 어째서 이런 일이 오는 것을 아무도 보지 못한 거죠?"

여왕이 케임브리지대학이나 옥스퍼드대학 대신 런던정치경제대학을 택했던 데에는 거리가 버킹엄궁에서 가깝다는 사실이 한 가지 이유였다. 다른 이유도 있었다. 런던정치경제대학은 자유시장을 신봉하는 오스트리아학파의 역사적인 본거지였다. 오스트리아학파의 거두 프리드리히 하이에크가 20년간 경력을 쌓은 곳이 바로 이곳이었다. 하이에크는 이후 시카고대학으로 건너 가 자유방임을 기치로 내세우는 시카고학파의 탄생에 영향을 주었다.

이례적인 행차에도 불구하고 여왕은 뚜렷한 대답을 듣지 못했다. 여왕은 "끔직하군요."라는 말로써 자신의 감정을 표했다.

런던정치경제대학의 경제학자들이 대답을 하지 못한 이유는 단순했다. 신고전경제학은 경제위기나 금융위기를 인정하지 않는다. 그들의 이론상 위기는 발생할 수 없기 때문이다. 위기라는 말과 개념을 사전에서 지워버린 탓에 그들의 예측은 그토록 무기력했다. 위기가 오는 걸 왜 몰랐냐는 질책에 위기가 어떻게 생기는지도 모르는 사람들이 어쩔 줄 몰라 쩔쩔매는 것은 당연했다.

2008년 금융위기가 일어난 지 이제 15년이 지났으니 주류 경제학자들의 생각도 달라졌으리라 짐작하기 쉽다. 아이러니하게도 달라진 건 별로 없다. 그들은 여전히 자신들 이론에서 뼈대가 되는 주장을 바꿀 생각이 없다. 사소한 주변 조건에 문제가 생겼을 뿐 본질은 그대로라는 식이다. 맨큐는 요즘도 변함없이 똑같은 교재를 팔고 있다.

경제학의 핵심에는 어떠한 주장들이 존재하는가_____

기존 경제학의 문제가 단지 금융위기 예측의 완전한 실패 하나만은 아니다. 문제는 그것 말고도 많이 있다. 금융위기는 경제학이 상정한 세계의 모순이 누적되어 나타나는 현상일 뿐이다. 내재된 모순을 뿌리에서 없애지 않는 한 금융위기를 포함해 여러 문제를 해결할 길은 없다.

그러한 문제를 다루는 책이 과거에 없었던 것은 아니다. 이론적으로 반론하는 책도 있었고 실증적으로 반증하는 책도 있었다. 그 책들도 아쉬운 부분이 없지는 않았다. 경제학을 공부했거나 경제학자가 아니라면 이해하기 쉽지 않은 내용이었다. 보통 사람이 가까이 다가가기에는 너무나 고고한 상아로 만든 탑에 놓여 있었던 셈이다.

해결 방법이 없을까? 탑의 절대적인 높이를 낮추는 게 쉽지는 않다. 그렇다고 지레 포기할 필요는 없다. 탑의 상대적인 높이를 낮추는 방법이 남아 있기 때문이다. 탑 안을 들여다 볼 수 있을 정도로 탑 주변에 흙메를 쌓으면 된다. 예전에 성을 공격할 때 동원하던 방법이 그러했다.

여기서 흙으로 산을 쌓는다 함은 경제학을 내려다 볼 수 있도록 경제학의 핵심에 자리잡은 주장을 알아보는 일을 가리킨다. 경제학을 배운 적이 없는 고등학생도 그 본질에 단숨에 다가갈 수 있을 정도로 대상이 단순하고 설명이 쉬워야 한다. 그래야 경제학자만이 읽어 볼 마음이 드는 현학적 지식의 저주를 피해갈 수 있다.

이에 굵고 짧게 경제학에서 상정하는 전제 세 가지만 다루려 한다. 첫째, 경제의 구성원들은 어떤 사람인가? 둘째, 그 구성원은 어떻게 경제적 의사결정을 내리는가? 셋째, 다수의 구성원을 가진 국가의 경제를 어떻게 평가하는가?

이게 왜 중요할까? 처음 두 가지는 경제를 구성하는 행동 주체에 대한 내용이다. 먼저 첫 번째 전제, 즉 기업을 포함해 개인이 어떠한 특성을 가진 존재라는 생각은 그 세계관을 규정한다. 또한 두 번째 전제인 개인이 의사 결정할 때 사용하는 원리는 행동의 지침에 해당한다. 즉 이 두 가지 전제는 이른바 미시경제학의 출발점이자 나침반이다. 미시경제학은 여기에 시장의 작동이 더해져 아름답고 안정한 균형에 이르게 된다고 이야기한다.

그렇다면 국가 경제를 평가하는 것에 관한 마지막 세 번째 전제는 어떤 역할일까? 사실 미시경제학의 주장은 단순히 주장일 뿐 한번도 검증된 적이 없다. 직접 검증할 방법이 없기 때문이다. 그렇지만 간접적인 확인은 어느 정도 가능할지 모른다. 그게 세 번

에르고드 이코노미

째 전제의 역할이다.

미시경제학의 주장대로라면 국가의 경제는 이를테면 최종 성적표다. 중간 과정은 모르겠지만 아무튼 나라 전체의 경제가 예전보다 좋아졌다면 각 개인의 상황도 좋아졌을 터다. 이른바 거시경제학이 국가 경제에 관심을 두는 이유다. 경제학의 시조 애덤 스미스가 쓴 책의 본래 제목이 『국가가 가진 재부의 본성과 원인에 대한 탐구』였던 이유도 다르지 않다.

즉 위 세 가지를 파악하면 경제의 알파에서 오메가까지 꿰뚫는 효과가 있다. 그 각각을 사심 없이 투명하게 설명하는 일은 그 무엇에도 해가 될 일은 아니다.

사람을 호모 에코노미쿠스로 여기는 데서 경제학은 시작된다____

그러면 먼저 첫 번째 주장을 알아보자. 바로 경제의 구성원이 어떤 사람인가 하는 질문이다. 이 질문은 꽤나 중요하다. 구성원으로 이루어진 집합체가 어떠한 모습을 가질 지가 그에 좌우되기 때문이다.

무슨 얘기인지 예를 들어 설명해보자. 자연계에서 물질의 기본 구성원은 원자다. 19세기 초 화학자 존 돌턴은 원자가 각기 고유한 질량을 갖는 일종의 덩어리라고 생각했다. 그래서 '자를 수 없다'는 뜻을 갖는 원자의 영어 단어 아톰^{atom}은 인력만 가질 뿐이었다.

그로부터 약 100년 후 물리학자들은 원자가 단순한 질량 덩어리가 아니라 양전하를 띠는 핵과 음전하를 띠는 전자가 공존하는 존재라고 가정하기 시작했다. 이제 원자는 인력뿐만 아니라 전자 기력도 갖는 존재가 되었다. 돌턴이 가정한 원자라면 같은 전기적 극성을 갖는 대상끼리 서로 밀어내는 현상을 묘사할 방법이 없다. 구성원의 성격을 어떻게 정의하냐에 따라 집합체의 성격도 달라진다.

경제학은 사람을 고유한 방식으로 정의한다. 이름하여 호모 에코노미쿠스^{homo economicus}다. 여기서 호모가 동성애자를 가리키는 단어와 직접 관련이 있지는 않다. 동성애자의 호모는 '같다'는 뜻을 가지는 그리스어 호모스^{homos}에서 유래한 반면 호모 에코노미쿠스의 호모^{homo}는 사람을 뜻하는 라틴어다. 사람을 가리키는 영어 단어 휴먼^{human}이 바로 라틴어 호모에서 나왔다. 18세기 초 생물의 분류 단계를 제안한 카를 린네가 현생 인류의 학명을 호모 사피엔스로 정하면서 호모라는 말이 널리 퍼지게 되었다.

그렇다면 에코노미쿠스는 무슨 말일까? 라틴어처럼 들리는 이 말은 원래 있던 단어는 아니다. 경제학자들이 '지혜로운'을 뜻하는 라틴어 사피엔스를 흉내내 경제학을 뜻하는 영어 단어 이코노믹스^ecomomics를 변형한 신조어다.

즉 호모 에코노미쿠스는 우리 말로 옮기자면 '경제학의 인간' 혹은 '경제학 인간' 정도로 옮길 만하다. 이는 사실 동어 반복에 가깝다. 경제학의 인간이 어떤 인간인지를 보여주는 명확한 정의가 제시되지 않는다면 하나 마나 한 이야기다.

일례로 오픈사전은 호모 이코노미쿠스를 두고 "경제 사회 속에서 살아가는 돈과 밀접한 우리 현대인을 일컫는 말'이라고 설명한다. 이러한 설명으로부터 알아낼 수 있는 사항은 아무 것도 없다. 다른 예로 『매일경제신문』은 호모 에코노미쿠스를 '합리적인 소비를 추구하는 사람'으로 규정한다. 합리적인 소비가 어떤 것인지를 알지 못한다면 도움이 안 되기는 마찬가지다.

다행하게도 신고전파 경제학자들은 호모 에코노미쿠스가 어떠한 사람인지를 상당히 엄밀하게 정의하고 있다. 그들에 의하면 호모 에코노미쿠스는 다음에 나오는 세 가지 특질을 가진다.

첫 번째 특질은 경제적 이익만을 추구한다는 점이다. 경제적 이익이라는 말을 썼지만 대부분의 상황에서 이를 금전적 이익으로 이해해도 틀리지 않는다.

경제적 이익과 금전적 이익이 단어만 다를 뿐 결국 같다면 금전적 이익이라는 말을 사용해도 되지 않나 생각하기 쉽다. 돈으로 이익을 표현하는 쪽이 훨씬 더 객관적이라서다. 그러나 그렇게 해도 괜찮다고 이야기할 경제학자는 거의 없다. 여기에는 몇 가지 이유가 있는데 표면적인 이유는 명목상 미시경제학은 돈이 아닌 다른 대상을 취급하기 때문이다. 바로 '효용'이다. 구체적인 설명은 이번 장의 뒤쪽에 다시 등장할 예정이다.

경제학이 가정하는 사람이 경제적 이익에 관심을 갖는 것은 당연해 보인다. 잘 강조되지 않지만 빠트릴 수 없는 부분이 있다. 바로 경제학의 인간이 다른 데에는 아무런 관심이 없다는 사실이다. 다시 말해 경제학 인간은 오직 그리고 오로지 경제적 이익만 신경 쓴다.

두 번째 특질은 이익에 관해 일관된다는 점이다. 쉽게 말하면 언제나 그리고 어디서나 항상 더 많은 돈을 원한다는 이야기다.

예를 들어, 1억 원과 2억 원이 생기는 두 가지 선택지가 있을 때 경제학의 인간은 당연히 2억 원을 택한다. 2억 원이 1억 원보다 많기 때문이다. 그리고 이런 상황을 만날 때마다 꼭 같은 선택을 한다. 어떨 때는 2억 원을 고르지만 또 어떨 때는 1억 원을 고르는 일이 벌어지지 않는다는 뜻이다.

경제학 인간의 선택은 비단 1억 원과 2억 원 사이에서만 성립하지 않는다. 1억 원과 1억 100원 사이에서도 성립한다. 단돈 100원이 더 많을 뿐이어도 경제학의 인간은 다른 수고를 무릅쓰고서라도 1억 100원을 택한다. 한마디로 그는 이익에 관해 한결같은 태도를 유지한다.

경제학 교과서는 앞의 첫 번째 특질과 두 번째 특질을 뭉쳐 경제적 합리성이라고 부른다. 경제학 인간이 합리적이라면 그들의 선택과 결정은 당연히 합리적일 터다. 나아가 그들의 상호작용의 결과 역시 합리적인 게 당연한 듯싶다.

세 번째 특질은 자신의 이익만에 관심을 둔다는 점이다. 달리 말해 다른 사람의 처지에는 아무런 관심이 없다.

예를 들어, 샅별과 샛별이라는 두 가지 선택지가 있다고 하자. 샅별을 택하면 나는 10만 원이 생기고 너는 1억 원을 잃는다. 샛별을 택하면 나는 9만 원이 생기고 너도 9만 원이 생긴다. 경제학의 인간은 망설임 없이 샛별 대신 샅별을 택한다. 네가 이익을 보든 혹은 손해를 보든 한마디로 남의 일이기 때문이다.

지금까지 설명한 세 가지 특질의 토대 위에 쌓아올려진 경제학은 호모 에코노미쿠스를 두고 한 가지를 더 가정하고 있다. 바로 모든 사람이 호모 에코노미쿠스라는 가정이다. 그러나 이 가정은 현실과 잘 맞지 않는다. 주류 경제학자들도 실제의 사람 모두가 경제학의 인간처럼 행동하는 것은 아니라는 사실은 마지못해 인정하는 편이다. 경제학 인간처럼 행동하지 않는 사람이 있다고 해서 자신들 이론의 가치나 결론이 달라지는 건 없다고 생각해서다. 경제학의 가르침을 따르지 않는다면 그건 그 사람이 비합리적이고 어딘가 모자라기 때문이라는 식이다. 경제학 인간을 주장하는 경제학자들은 확실히 호모 에코노미쿠스다.

경제적 이익이 확정된 게 아니라면
어떻게 선택할 수 있을까____

인간 모두가 호모 에코노미쿠스라고 가정한다고 해서 모든 모호함이 사라지지는 않는다. 호모 에코노미쿠스를 규정짓는 세 가지 특질만으로 해결되지 않는 상황이 실제 세계에 존재하기 때문이다.

예를 들어 보자. 여러분이 찾아간 카지노의 각 테이블마다 다른 돈내기가 행해지고 있다. 첫 번째는 크랩스를 하는 테이블이다. 크랩스는 주사위 두 개를 던져 승부를 내는 노름이다. 두 번째 테이블에서는 룰렛이 벌어진다. 룰렛은 같은 크기의 37개 칸을 가진 원반을 돌린 후 원반 위에 작은 구슬을 던져 승부를 내는 도박이다. 룰렛 원반의 각 칸에는 0부터 36까지의 숫자가 하나씩 쓰여 있다.

●─── 크랩스

●─── 룰렛

사실 크랩스든 룰렛이든 여러분이 꾸준하게 돈을 따기는 불가능하다. 여러분이 아닌 카지노가 돈을 따도록 규칙이 만들어졌기 때문이다. 크랩스와 룰렛의 규칙을 다 설명하기는 번거로우니 상황을 단순화해 제시하려 한다. 미리 말해 두지만 밑에 나오는 규칙은 현실의 게임과 맞지 않는다.

크랩스에서 첫 번째로 던진 주사위 쌍의 숫자 합이 4가 나왔다.* 이제 두 번째로 던질 주사위 쌍의 숫자 합이 다시 4가 되면 돈을 따고 7이 되면 건 돈을 잃는다. 4와 7을 제외한 나머지 숫자면 건 돈을 돌려받는다. 4가 될 경우 받는 돈은 건 돈의 4배다. 이 책에서 받는 돈이라는 말은 건 돈stake을 포함해 돌려받는 돈payout을 말한다. 즉 순수하게 불린 돈은 건 돈의 300퍼센트다.

크랩스

첫 번째 주사위 쌍의 숫자 합이 4일 때, 즉 (1, 3), (2, 2), (3, 1)이 나왔을 때,

두 번째 주사위 쌍의 숫자 합이 다시 4가 나오면, 즉 (1, 3), (2, 2), (3, 1) 중 하나면 건 돈의 4배를 받는다. 즉 1억 원을 걸었으면 받는 돈이 4억 원이다.

두 번째 주사위 쌍의 숫자 합이 7이 나오면, 즉 (1, 6), (2, 5), (3, 4), (4, 3), (5, 2), (6, 1) 중 하나면 건 돈을 잃는다.

두 번째 주사위 쌍의 합이 4도 아니고 7도 아니면 건 돈을 돌려받는다.

---

* 크랩스는 첫번째 던진 주사위만으로는 게임이 성립되지 않는다.

에르고드 이코노미

한편 룰렛에서 돈을 거는 방법 중 이어지는 세 숫자에 돈을 거는 방법이 있다. 룰렛 용어로는 스트리트street 라고 한다. 가령, 여러분이 7-8-9에 돈을 걸고 원반이 멈췄을 때 구슬이 그 세 숫자 중 하나에 놓이면 받는 돈이 건 돈의 14배다. 달리 말해 순수하게 불린 돈은 건 돈의 13배다. 7, 8, 9 이외의 숫자가 나오면 건 돈을 잃는다.

룰렛

원반 숫자 7-8-9에 돈을 걸었을 때 7, 8, 9 중 하나에 구슬이 놓이면 건 돈의 14배를 받는다. 즉 1억 원을 걸었으면 받는 돈이 14억 원이다.
7, 8, 9 이외의 숫자에 구슬이 놓이면 건 돈을 잃는다.

여러분이라면 어느 테이블에 앉고 싶은가? 머리가 아파오면서 이 책을 읽을 마음이 뚝 떨어진 사람이 있을 것 같다. 반대로 '이 정도쯤이야⋯' 하고 생각하면서 벌써 종이나 컴퓨터에서 계산을 시작한 사람도 있을 터다. 전자에 해당한다고 해서 미리 포기하지 않았으면 좋겠다. 이번 절만 다 읽으면 누구라도 어느 테이블에 앉아야 하는지 알게 된다.

구체적인 결과를 말하기에 앞서 호모 에코노미쿠스만으로 감당할 수 없는 앞 상황의 특징을 확인하자. 경제학 인간이 언제나 더 많은 경제적 이익을 원함은 주지의 사실이다. 그런데 그는 카지노에서 어찌할 바를 모른다. 어느 테이블에 앉든 그때의 이익이 얼마나 될 지가 확정되지 않았기 때문이다. 쉽게 말해 돈을 딸 수도 있지만 날릴 수도 있다. 노름은 결과가 확정되어 있지 않기에 노름이다. 즉 우연과 운에 의해 좌우된다.

우연에 좌우되는 노름의 우열을 가리는 일은 일부 사람들에게는 심각한 문제였다. 바로 돈내기를 업으로 삼거나 노름에 중독된 사람이었다. 대표적인 인물이 16세기 이탈리아의 의사였던 지롤라모 카르다노였다. 카르다노는 노름에서 이기기 위해 확률에 대해 연구했지만 그의 확률 개념은 완벽하지 않았다. 카르다노는 굴곡진 삶을 살았다. 가령, 그의 맏아들은 자기 아내를 독살한 죄로 목이 잘렸다. 또 아버지를 닮아 도박꾼으로 자란 막내 아들은 카르다노의 돈을 훔쳐 집을 나갔다.

마침내 우연의 게임을 제대로 풀어낸 사람이 17세기에 나타났다. 경제학자는 아니었다. 경제학의 비조 스미스가 18세기 사람이니 17세기에 이 문제를 풀 경제학자는 없었다. 그 주인공은 각기 취미 이상으로 노름에 빠져 지내던 팔방미인 사상가와 수학에 진지했던 판사라는 엉뚱한 2인조였다. 바로 『팡세』로 유명한 블레즈 파스칼과 자신의 이름을 딴 일명 '마지막 정리'로 이름난 피에르 페르마였다.

파스칼과 페르마는 서로 편지를 주고 받으며 돈내기를 분석할 수 있는 도구를 개발했다. 뭔고 하니 '확률'이었다. 확률은 쉽게 말해 각 경우의 발생 가능성이 같을 때 특정 경우가 발생할 수를 일어날 수 있는 모든 경우의 수로 나눈 값이다. 즉 오늘날 경제학은 물론이고 다른 분야에서도 폭넓게 사용되고 있는 확률론은 파스칼과 페르마에서 시작되었다.

알고 보면 앞에 나온 두 노름도 페르마와 파스칼과 관련이 있었다. 페르마는 1654년 주사위 한 개를 네 번 던져 6이 적어도 한 번 나오면 돈을 따는 쪽이 주사위 한 쌍을 여섯 번 던져 최소한 한 번은 (6, 6)이 나와야 돈을 따는 쪽보다 유리하다는 사실을 밝혀냈다.* 페르마가 쓴 방법은 앞의 크랩스에도 곧바로 적용이 가능했다. 또한 파스칼은 룰렛을 최초로 만든 사람이었다. '어?'하고 어리둥절할 이유가 없는 게 파스칼은 세계 최초로 기계식 계산기를 발명한 사람이기도 했다.

파스칼과 페르마가 만든 확률은 이내 '기댓값'이라는 개념으로 확장되었다. 공정한 주사위나 룰렛의 특정한 경우가 발생할 확률에 그에 해당하는 딸 돈과 잃을 돈을 곱한 후 각 경우의 값을 모두 더한 결과가 기댓값이다. 기댓값은 계산의 관점에서 산술 평

---

* 첫 번째의 돈 딸 확률은 51.77%고, 두 번째의 돈 딸 확률은 49.14%다.

균, 즉 애버리지^{average}와 같은 값이다.

> 기댓값 = 돈을 딸 확률 × 딸 돈 + 돈을 잃을 확률 × 잃을 돈

기댓값을 구할 수 있다면 노름에서 매 판마다 평균적으로 얼마나 딸지 혹은 잃을지를 알 수 있다. 그러한 기댓값을 비교해 노름의 좋고 나쁨을 가릴 수 있다는 생각은 자연스러웠다. 다시 말해 딸 돈의 기댓값이 최대인 노름을 선택하는 게 최선이라는 원리가 제안되었다. 이름하여 '기댓값 최대화'였다. 기댓값 최대화를 만든 사람도 경제학자는 아니었다. 파스칼, 페르마와 같은 시기를 살았던 네덜란드의 천문가 크리스티안 하위헌스였다.

앞의 크랩스와 룰렛 중 어느 쪽의 기댓값이 큰지 확인해보자. 먼저 크랩스에서 합이 4가 나올 확률은 3/36이고 7이 나올 확률은 6/36이다. 그러므로 1억 원을 건다면 순수하게 딸 돈의 기댓값은 3억 원에 3/36을 곱하고 −1억 원에 6/36을 곱해 더한 값인 833만 원이다.

$$크랩스의\ 기댓값 = \frac{3}{36} \times 3억\ 원 + \frac{6}{36} \times -1억\ 원 = 833만\ 원$$

에르고드 이코노미

룰렛은 어떨까? 구슬이 7, 8, 9 중 하나에 놓일 확률은 3/37이고 나머지 숫자에 놓일 확률은 34/37이다. 따라서 1억 원을 걸었을 때 룰렛의 순이익 기댓값은 13억 원에 3/37을 곱하고 -1억 원에 34/37을 곱해 더한 값인 1,351만 원이다. 1,351만 원이 833만 원보다 큰 돈이므로 기댓값 최대화에 따르면 크랩스보다는 룰렛을 하는 게 더 나은 선택이다.

$$\text{룰렛의 기댓값} = \frac{3}{37} \times 13억\ 원 + \frac{34}{37} \times -1억\ 원 = 1{,}351만\ 원$$

착각하기 쉬운 사항 하나를 지적할 필요가 있다. 기댓값 최대화는 개별 노름 판의 결과를 보장하지는 않는다. 기댓값은 룰렛이 더 컸지만 막상 룰렛을 한 사람은 돈을 잃고 크랩스를 한 사람은 돈을 따는 일이 얼마든지 벌어질 수 있다. 이는 전적으로 우연에 달린 문제다. 운이나 우연의 작용에 사람이 영향을 줄 방법은 없다.

기댓값 최대화가 경제학과 관련이 있을까? 당연히 있다. 첫째로 기업의 재무적 의사결정이 기대값 최대화 원리를 따른다. 기업의 경제활동은 돈만 놓고 보면 본질이 돈내기와 다르지 않다. 기업이 여러 사업 기회 중 가장 큰돈을 벌 것 같은 기회를 택하는 일은 딱 기댓값 최대화다. 일부 경제학 교과서는 기업이 이익의 기댓값을 최대화하는 존재라고 정의한다.

기업이 기댓값 최대화로써 이익을 최대화한다는 말은 반박하기 쉽지 않다. 우리가 알고 있는 기업들이 거의 대부분 그러하다. 또 기업은 오직 이익만을 추구해야 한다는 교리를 학교에서 가르쳐왔다. 실제로 많은 기업들이 기댓값 최대화를 사용해 의사결정을 내린다. 금융을 업으로 삼는 금융회사도 마찬가지다.

그런데 희한한 구석이 있다. 방금 전 기업이라고 꼭 집어서 이야기한 부분이다. 마치 사람은 해당되지 않는다고 선을 그은 것 같아서다. 원리만 놓고 따진다면 개인의 경제활동이 기업과 다를 이유가 없다. 인간이 호모 에코노미쿠스라는 가정도 당연히 이익의 기댓값 최대화를 가리키는 듯하다.

놀랍게도 경제학은 개인이 이익의 기댓값을 최대화하는 존재가 아니라고 가르친다. 최대화를 하기는 하는데 이익이 아닌 다른 뭔가의 기댓값을 최대화하고 있다는 이야기다. 또 그렇게 하는 게 옳다고 주장한다.

그게 무얼까? 그리고 경제학은 왜 그렇게 생각하는 걸까? 방금 한 두 질문의 답을 경제학자의 관점에서 먼저 나타내 보겠다.

에르고드 이코노미

인간은 돈이 아니라 효용의 기댓값을
최대화하는 존재다____

표준적인 경제학 교과서는 개인의 의사결정이 아래처럼 이루어
진다고 설명한다.

1. 선택할 수 있는 모든 선택지를 열거한다.
2. 각 선택지마다 발생 가능한 모든 결과를 상상한다.
3. 각각의 결과가 내 돈에 어떤 영향을 줄지를 추정하고 각각의 확률도 추산
   한다.
4. 내 돈의 증감이 내 효용에 어떤 영향을 줄지를 구체적으로 명시한다.
5. 각 선택지에 해당하는 내 효용의 기댓값을 구한다.
6. 내 효용의 기댓값이 가장 큰 선택지를 골라 행동한다.

경제학은 위 의사결정 과정을 가리켜 '합리적 선택이론'이라고
부른다.

합리적 선택이론은 한 가지 사항만 빼면 앞 절에 나왔던 기댓
값 최대화와 똑같다. 의사결정을 연구하는 분야인 의사결정과학
의 교과서를 찾아보면 정확히 위와 꼭 같은 과정이 나온다. 하위
헌스가 기댓값 최대화를 만들었을 때 이미 그 안에 함축되어 있
던 내용이다. 그러니까 합리적 선택이론은 기본적으로 기댓값 최
대화를 복사해 붙인 이론이다.

다른 점은 바로 기댓값을 최대화하는 대상에 있다. 기댓값 최대화는 사실 무엇을 최대화할지에 대해서 사용자에게 맡겨 둔다. 돈에 관심이 있다면 금전적 이익을 최대화하면 되고 전쟁에서 승리하는 데 관심이 있다면 적의 피해를 최대화하면 된다. 그런데 합리적 선택이론에서 최대화되는 대상은 돈이나 이익이 아닌 효용이다. 즉 경제학은 개인이 효용의 기댓값을 최대화하는 존재라고 주장한다.

효용이라는 말을 일상 대화에서 쓰는 사람은 거의 없다고 해도 지나치지 않는다. 그와 비슷한 의미를 나타내고 싶을 때 보통은 쓸모나 효과 혹은 유용 같은 단어를 쓸 터다. 효용은 사실상 경제학에서만 사용되는 말이다. 경제학은 이 단어를 특별한 의미로 사용한다.

『경제학사전』이라는 책은 효용을 "인간의 욕망을 만족시키는 재화의 능력 또는 재화를 소비함으로써 얻는 개인의 주관적 만족의 정도"라고 정의한다.* 웹사이트 인베스토피디아는 효용을 "제품이나 서비스를 소비할 때 생기는 총체적인 만족이나 혜택"이라고 설명한다.** 듣기에 좋은 말이다.

그럴싸하게 들리지만 효용의 이론적 사용은 지뢰밭에 들어가

---

* 박은태, 『경제학사전』, 경연사, 2010.
** www.investopedia.com

는 일과 같다. 우선 각 개인의 효용이 어떤지를 알 방법이 없다. 직접 관찰할 수 있는 대상이 아니기 때문이다.

개인의 소비 행태로부터 효용을 간접적으로 추론할 여지가 있기는 하다. 안타깝게도 이는 금세 막다른 골목에 이른다. 개별 제품의 효용이 어떤 절대적 크기를 갖는지를 추론하려는 시도는 사람들의 일관되지 못한 소비 행태로 소용이 없다. 상대적인 순위를 찾으려는 시도도 결과는 비슷하다.

예를 하나 들자. 어떤 사람이 쇠고기보다 생선회를 더 좋아하고 생선회보다 닭고기를 더 좋아한다고 가정하겠다. 달리 말해 닭고기와 생선회 중에 닭고기를 먹었고 생선회와 쇠고기 중에 생선회를 먹었다. 사람들의 선택이 합리적이라고 믿는 경제학자는 위로부터 닭고기의 효용이 가장 크고 그 다음이 생선회이며 쇠고기의 효용이 가장 작다고 결론 내린다. 그러므로 닭고기와 쇠고기 중 하나를 고르게 하면 당연히 그리고 언제나 닭고기를 골라야 한다고 생각한다. 실제의 사람은 왕왕 쇠고기를 고른다.

즉 효용은 동어반복적인 여분의 존재다. 경제학은 개인이 자신의 효용에 따라 선택을 한다고 말하지만 그 효용은 오직 그 사람의 선택에 의해서만 추측될 수 있다. 말하자면 "내가 사과를 좋아하기 때문에 사과를 먹는데, 내가 사과를 좋아한다는 증거는 내가 사과를 먹는다는 사실로부터 나온다."고 이야기하는 셈이다. 이런 식의·순환 논법을 채용한 이론에 큰 기대를 가지기는 어렵다.

개인의 소비는 사실 불합리의 종합 백화점과도 같다. 사람들의 선택은 결코 일관되지 않는다. 유행이라는 현상을 생각하면 쉽게 깨달을 일이다. 가격이 오르면 수요가 준다는 법칙에 반하는 일명 베블런재도 빼놓을 수 없다. 서구의 명품 브랜드는 가격을 올려 오히려 더 많은 수요를 이끌어낸다.

그럼에도 불구하고 경제학이 효용을 버리지 않는 이유는 다른 데에 있다. 신고전 경제학파가 출발점으로 삼은 역설 때문이다. 이제 그 역설을 알아보도록 하자.

두 명의 베르눌리가 숙고했던
상트페테르부르크 역설은 무엇일까_____

1687년 스위스에서 태어난 니콜라우스 베르눌리는 인류 역사상 가장 유명한 수학자 일가의 한 사람이다. 한국에서 보통 베르누이라고 하지만 이는 일제시대 때 일본어로 수학을 배운 사람들 때문이고 정확한 발음은 베르눌리다. 베르눌리 일가가 태어나고 죽을 때까지 산 곳이 독일어를 쓰는 도시 바젤이기 때문이다.

베르눌리 일가의 명성 있는 수학자가 한둘이 아니기에 여기부터는 주로 성 대신 이름만 부르려 한다. 니콜라우스 베르눌리는 23세 때인 1709년 자신의 큰아버지인 야콥 베르눌리에게 확률론으로 박사학위를 받았다. 이후 갈릴레오가 있었던 파도바대학에서 미분방정식과 기하를 가르치다가 1722년 모교인 바젤대학으로 옮겨와 논리학을 가르쳤다. 니콜라우스의 학문적 명성은 이미 28세 때인 1714년에 영국왕립학회의 회원으로 선출될 정도로 드높았다.

1713년 니콜라우스는 프랑스의 수학자 피에르 레몽 드 몽모르에게 편지를 썼다. 거기서 니콜라우스는 자신이 생각해 낸 역설 하나를 언급했다. 기댓값 최대화를 다룬 하위헌스의 『우연의 게임에 대한 추론』이 1657년 라틴어로 번역된 이래로 니콜라우스와 몽모르를 포함해 기댓값 최대화를 모르는 수학자는 없었다.

니콜라우스의 역설은 돈내기와 관련이 있었다. 그는 카지노가 제공할 만한 다음과 같은 도박을 제시했다. 먼저 처음의 거는 돈은 천 원이다. 도박사가 조작되지 않은 동전을 던져 앞면이 나오면 건 돈의 두 배인 2천 원을 받는다. 여기까지는 일반적인 동전 노름과 다르지 않다.

달라지는 부분은 뒷면이 나왔을 때다. 보통은 건 돈을 잃고 게임이 끝나지만 니콜라우스는 여기에 비틀기를 추가했다. 뒷면이 나올 때마다 카지노가 주는 돈이 두 배로 커진다는 조건이다. 게임이 계속되지만 도박사가 추가로 내는 돈은 없다.

니콜라우스는 방금 전 노름을 하려면 도박사가 얼마의 돈을 내야 할 지를 물었다. 바꿔 말하면 카지노 입장에서 처음에 노름꾼에게 얼마를 걸게 해야 카지노가 손해를 보지 않는지가 질문이었다.

위 돈내기에서 도박사가 받을 돈의 기댓값을 구해보자. 처음에 동전이 앞면이 나올 확률은 1/2이고 그때 받을 돈은 2천 원이니 둘을 곱하면 1천 원이 나온다. 처음에 동전이 뒷면이 나오면 받을 돈이 4천 원으로 두 배 커지고 도박사는 다시 동전을 던진다. 이번에 앞면이 나올 확률은 맨 처음에 뒷면이 나왔을 확률까지 감안하면 1/4이고 따라서 받을 돈과 확률을 곱하면 다시 천 원이 나온다.

이어 처음 두 번 동안 연달아 뒷면이 나왔다가 세 번째에 앞면이 나올 확률은 마찬가지로 1/8이고 받을 돈은 8천 원이므로 받을 돈에 확률을 곱한 값 또한 1천 원이다. 이러한 과정을 중단할 논리가 없으므로 도박사가 받을 돈의 기댓값은 이른바 무한대다.

$$\text{기댓값} = 1{,}000\text{원} \times \left(2 \times \frac{1}{2} + 4 \times \frac{1}{4} + \cdots + 2^n \times \frac{1}{2^n} + \cdots \right)$$
$$= 1{,}000\text{원} \times (1 + 1 + 1 + \cdots) = \infty$$

이와 같은 계산에는 아무런 결함이 없다. 그렇다고 무한대의 돈을 걸고 위 내기를 할 사람이 있겠느냐는 게 역설의 골자였다. 기 댓값의 계산이 때로는 현실과 맞지 않을 때도 있다는 사실을 보이려는 뜻이었다.

니콜라우스는 역설을 던지는 데 그치지 않고 역설의 해결책도 제안했다. 사람들이 발생 가능성이 아주 낮은 경우는 무시한다는 생각이었다. 가령 뒷면이 연달아 10번 나올 확률은 1/1024로 채 0.1퍼센트가 되지 않는다. 그 가능성이 극히 낮기에 그보다도 낮은 확률을 갖는 경우들은 아무리 받을 돈이 커도 도외시하게 된다는 게 니콜라우스의 설명이었다. 실제로 사람들은 앞의 돈내기를 제안 받으면 대략 2만5천 원을 잃어도 그만인 거는 돈의 상한으로 놓곤 한다.

니콜라우스의 수학적 재주를 뽐내는 일화로 그칠 줄 알았던 가상의 돈내기는 의외의 생명력을 보여주었다. 니콜라우스보다 열세 살 어린 사촌 동생 다니엘 베르눌리 덕분이었다. 다니엘은 유체역학의 기본 원리 중 하나인 베르눌리 정리를 만든 사람이었다. 베르눌리 정리는 점성이 없는 유체에서 압력, 속력, 높이 사이에 일정한 관계가 성립한다는 법칙이다. 비행기가 하늘을 날고, 비행기의 속력을 일명 피토관Pitot tube으로 측정하는 일은 모두 베르눌리 정리에 의존한다.

사실 다니엘은 공식적으로는 1721년 해부학과 식물학으로 박사학위를 받은 의사였다. 아들의 수학적 재능을 시기한 수학자 아버지 요한 베르눌리의 뜻을 따라 수학 대신 비즈니스와 의학을 차례로 공부해야 했던 탓이다. 다니엘은 아버지의 고집을 받아들이는 대신 아버지에게 직접 수학 과외를 받겠노라고 우겼고 결국 뛰어난 실력을 인정받아 1724년 러시아 상트페테르부르크대학의 수학 교수가 되었다.

1738년 다니엘은 『운의 측정에 대한 새로운 이론의 설명』이라는 논문을 썼다. 사촌 형 니콜라우스가 말했던 역설을 다시 다루고 싶어서였다. 다니엘이 보기에 니콜라우스의 해결책은 만족스럽지 않았다.

다니엘은 논문에서 비록 돈내기의 기댓값이 무한대라도 "제정신인 사람이라면 노름의 권리를 2만 원 정도면 매우 즐거운 마음으로 팔아버릴 것"이라고 했다. 쉽게 말해 이해타산을 따지는 사람이라고 해서 항상 기댓값 최대화를 따르지는 않는다는 이야기였다. 여기까지는 사촌 형과 다르지 않았다. 다른 부분은 역설의 해결책에 있었다.

다니엘은 직관에 호소하면서 개인에게 재산의 가치가 단순히 금액으로 표현된 숫자가 아니라고 썼다. 예를 들어, 가난한 사람에게는 100만 원이 큰 돈일지 몰라도 억만장자에게는 거의 있으나마나 한 돈이다. 그렇기에 사람들이 수학적 기댓값을 최대화하는 게 아니라 '정신적 기댓값$^{moral\ expectation}$'을 최대화한다고 주장했다. 다니엘의 정신적 기댓값을 두고 후대의 경제학자들이 '효용의 기댓값'이라는 이름을 새로 지어 붙였다.

다니엘은 자신의 정신적 기댓값을 나타낼 수 있는 함수의 하나로 로그함수를 언급했다. 즉 개인이 자기 재산으로부터 얻는 즐거움 혹은 효용은 금액 자체에 비례하지 않고 금액에 로그를 취한 값에 비례한다는 추측이었다. 다시 말해 효용이 로그함수로 표현될 수 있다는 뜻이었다.

이 말이 무슨 의미인지 예를 들어 설명해보자. 벼리는 재산이 1,000만 원이고 아람은 재산이 100억 원이다. 만약 돈의 효용이 돈의 자연로그*와 같다고 가정한다면 현재 재산의 효용은 벼리와 아람에게 각각 ln(1,000만 원)과 ln(100억 원)이며, 숫자로는 각각 16.1181과 23.0259다.

100만 원이 생기는 기회가 있다면 두 사람은 그 기회를 어떻게 느낄까? 재산이 100만 원씩 늘어남에 따라 벼리와 아람의 재산은 각각 1,100만 원과 100억 100만 원이 되고 그때의 효용은 각각 16.2134와 23.0260이 된다.

---

*자연로그는 밑이 e인 로그함수를 가리킨다. e는 근삿값이 2.71828182846…인 무리수다.

벼리의 바뀐 효용 = ln(1,100만 원) = 16.2134
아람의 바뀐 효용 = ln(100억 100만 원) = 23.0260

벼리의 효용은 0.0953만큼 증가한 반면 아람에게 증가된 효용
은 0이나 다름없는 0.0001에 그친다. 다니엘의 직관과 부합하는
결과다.

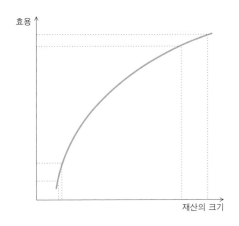

● ― 효용은 로그함수로 표현될 수 있다. 재산이 적을수록 재산이 늘어날 때 효용의 증가폭이
커지고, 재산이 많을수록 재산이 늘어나도 효용의 증가폭은 작아진다.

효용이라는 개념을 상정하고 이를 로그함수로 나타냈을 때의
장점은 단지 다니엘의 직관을 표현할 수 있다는 데 그치지 않는
다. 니콜라우스의 돈내기에 적용해보면 증가되는 효용의 기댓값

에르고드 이코노미

이 무한대로 발산하지 않고 유한한 값을 가짐을 보일 수 있다. 또한 현재 갖고 있는 재산의 크기에 따라 새로운 도박에 얼마까지 걸 수 있을지도 추측 가능하다.

사실 로그함수가 다니엘의 정신적 기댓값을 표현할 수 있는 유일한 존재는 아니었다. 그러한 함수는 얼마든지 만들어낼 수 있었다. 일례로, 다니엘보다 10년 전에 스위스 제네바대학의 가브리엘 크라머는 니콜라우스에게 보낸 편지에서 제곱근함수가 정신적 기댓값의 성질을 만족시킬 수 있음을 증명했다.

어쨌거나 경제학자들은 로그함수로 나타낸 효용 개념이 너무나 마음에 들었다. 직관에도 어울릴뿐더러 기댓값이 무한대라는 부조리를 피할 수 있기 때문이었다. 게다가 그들이 사랑해마지 않는 '한계' 개념도 고스란히 담을 수 있다는 측면도 컸다. 한계margin란 총량이 아니라 추가로 증가하는 양을 가리킨다. 미시경제학은 기업이 한계비용과 한계수입이 같아질 때까지 생산량을 늘려야 한다고 주장한다. 그렇게 하면 기업의 이익이 최대가 된다.

이후 경제학은 로그 효용을 자신의 표준적인 모델로 삼았다. 합리적인 경제 주체가 시장을 통해 최적의 결과를 달성한다는 주장을 뒷받침하는 데에 로그 효용이 여러모로 도움이 됐기 때문이다. 경제학은 니콜라우스의 돈내기에도 이름을 붙여주었다. '상트페테르부르크 역설'이라는 이름이었다. 다니엘의 논문이 실린 학회지 이름에 상트페테르부르크가 들어가 있다는 이유였다. 이후 상트페테르부르크 역설은 경제학을 배우는 사람이라면 반드시 듣게 되는 단어가 되었다.

국가의 경제를 대변한다는
국내총생산은 어떻게 계산되는가____

이제 마지막 세 번째로 다수의 구성원을 가진 국가의 경제를 어떻게 평가하는지를 알아볼 차례다. 앞에서 이야기한 것처럼 국가의 경제는 국민 모두에게 영향을 미친다. 먹고 사는 문제는 누구에게나 중요하다. 그러한 수고와 염려를 하나로 모아 평가할 수 있다면 분명 쓰임새가 있다.

경제학은 처음 만들어질 때부터 국가의 경제에 큰 관심을 가졌다. 스미스가 『국부론』을 쓴 이유가 바로 국가의 진정한 부富가 무엇인지를 설명하기 위해서였다. 사실 스미스가 경제를 주제로 최초로 책을 쓴 사람은 아니었다. 스미스 이전에도 경제를 논한 사람은 적지 않게 있었다.

예를 들어, 스미스보다 53년 전에 태어난 네덜란드 태생 의사 버나드 맨더빌은 『꿀벌의 우화』에서 "방탕과 사치가 경제 번영의 원동력"이라고 썼다. 20세기 초 펜실베이니아대학의 사이먼 패튼은 스미스가 애초 경제에 관심을 갖게 된 이유가 맨더빌에게 반론을 펴기 위해서라고 평가했다. 맨더빌은 같은 책에서 "사회가 행복해지고 사람들이 편안해지려면 반드시 그들 가운데 많은 사람이 무식할 뿐 아니라 가난해야 한다."는 주장도 늘어놓았다.

스미스가 『국부론』을 쓴 직접적인 이유는 일군의 선대 경제가들 때문이었다. 바로 중상주의자들이었다. 17세기 초반의 토마스 문이나 17세기 중반의 장 바티스트 콜베르는 각각 영국과 프랑스의 중상주의 경제를 디자인했다. 문과 콜베르의 핵심 아이디어는 수출을 장려하고 수입을 억제하며 그 결과로써 국가가 가진 금과 은을 계속 늘려간다는 데 있었다. 쉽게 말해 무역흑자와 귀금속이 곧 국가의 경제적 힘이라는 생각이었다. 스미스는 문과 콜베르의 생각에 동의하지 않았다.

스미스가 보기에 국가의 경제적 힘은 국민 전체의 노동에서 비롯되었다. 가치 있는 물건을 만들어 내는 유일한 원동력이 바로 사람의 노동이라고 생각했기 때문이었다. 그러려면 가능한 한 생산적인 일에 종사하지 않는 국민의 수가 줄어야 했다. 또한 여기서 스미스가 강조한 부분이 바로 분업이었다. 같은 수가 일하더라도 분업을 통하면 보다 더 많이 생산할 수 있기 때문이었다. 『국부론』의 세 번째 문단에 나오는 핀 공장의 일화는 분업의 가치를 예증했다. 스미스가 독점을 비난하고 경쟁을 중요하게 여긴 이유도 그럼으로써 더 많은 생산이 이루어질 수 있기 때문이었다.

그런 스미스의 생각을 일부 계승하여 오늘날 국가의 경제를 평가할 때 사용하는 대표적인 지표가 국내총생산^{gross domestic product,} ^{GDP}이다. 경제지표로서 국내총생산의 지위는 가히 독보적이다. 각국의 중앙은행이 매 분기마다 집계해 발표하는 국내총생산을 언론은 중요하게 다룬다. 경제연구소와 정책집단들은 국내총생산의 변화율에 물가를 보정한 이른바 경제성장률의 전망치 예측에 온 힘을 쏟는다. 국내총생산의 변화는 곧 국가 경제의 중간고사면서 기말고사다.

그렇다면 국내총생산이란 무엇일까? 국내총생산은 1년간 국가의 영토 내에서 새롭게 만들어 판 최종 제품과 서비스의 가격을 전부 더한 값이다. 최종이라는 말이 중요한 바 중간재의 판매액은 계산할 때 따로 넣지 않는다는 의미다. 최종 생산물의 판매액에 중간재의 판매액이 이미 비용으로서 포함되기 때문이다. 중고 물품의 거래액도 국내총생산의 계산에 직접 포함시키지 않는다.

국내총생산은 국가의 경제 성적표 역할뿐만 아니라 평균적인 국민의 경제 성적표 역할도 감당한다. 국내총생산에는 영토 내에서 외국회사가 벌인 경제활동의 결과도 있기 마련인데, 그로 인해 외국회사가 받은 이자나 배당을 국내총생산에서 빼고 반대로 국적회사가 외국에서 받은 이자나 배당을 더한 값을 국민총소득^{gross national income}이라고 부른다. 국민총소득을 인구 수로 나눈 값이 바로 1인당 국민소득이다.

> 국민총소득 = 국내총생산 − 국내 소재 외국회사의 이자나 배당 유출 + 해외
> 소재 국적회사의 이자나 배당 유입

　1인당 국민소득은 언론이 지대한 관심을 갖고 다루는 경제 지표다. 이게 커지면 그만큼 평균적인 국민이 잘 살게 됐다는 증거로 받아들인다. 통계청의 웹사이트에 의하면 "1인당 국민총소득은 국민의 평균적인 소득수준을 나타내며 소득수준의 국가 간 비교에 활용된다." 이들 지표로써 국가 경제의 시간 별 변화뿐 아니라 평균적인 국민이 다른 나라 국민과 비교해서 상대적으로 얼마나 많은 소득을 올리는지도 알 수 있다는 뜻이다.

　국내총생산과 국민총소득은 얼마나 다를까? 결론부터 미리 말하자면 거의 다르지 않다. 예를 들어, 한국은행에 따르면 2021년 한국의 국내총생산은 약 2,072조 원이고 국민총소득은 약 2,095조 원이다. 비율로 보면 1퍼센트 정도 차이가 전부다. 세금을 빼돌리기 위해 존재하는 조세회피처가 아니라면 국내총생산과 국민총소득은 거의 같기 마련이다. 그러므로 1인당 국민소득은 국내총생산을 인구 수로 나눈 1인당 국내총생산과 사실상 한 몸이다.

그러면 이토록 중요한 국내총생산을 만든 사람은 누구였을까? 왠지 경제학의 뿌리인 스미스일 듯싶지만 스미스는 아니다. 지표로서 국내총생산이 처음 제안된 때는 1940년으로 스미스가 죽은지 정확하게 150년 뒤였다. 실제로 계산되어 최초로 발표된 때는 1년 후인 1941년이었다. 국내총생산의 계산을 주장한 사람은 바로 영국의 공무원 존 메이너드 케인스였다.

케인스가 국내총생산을 주장한 이유는 다른 데 있지 않았다. 당시 영국은 모든 힘을 다해 독일과 제2차 세계대전을 치르는 중이었다. 케인스는 인구 4천만 명의 영국이 인구 8천만 명의 독일을 상대로 전쟁하려면 영국이 가진 생산력과 노동력을 최대로 뽑아내야 한다고 생각했다. 더구나 영국에게 1940년은 동맹국 프랑스가 독일에 항복하고 아직 소련과 미국이 전쟁에 참전하기 전인 암울한 시점이었다. 즉 국내총생산은 한편으로는 보다 많은 비행기와 전차, 그리고 군함을 만들어내고, 다른 한편으로는 이러한 생산 능력을 수치화하려는 시도에서 비롯되었다. 전쟁은 예전에 끝이 났지만 국내총생산의 계산은 현재까지도 이어지고 있다.

이익의 기댓값을 최대화하면 막상 무슨 일이 벌어지나_____

지금까지 경제학의 핵심 주장들을 알아보았다. 이제부터는 그 모든 주장들이 옳다는 전제하에서 그것들을 받아들이면 무슨 일이 벌어지는지를 알아볼 차례다.

제일 먼저 다음과 같은 간단한 돈내기 상황을 헤아려 보겠다. 돈내기라고 칭했지만 물론 통상의 투자나 신규 사업 진출을 상상해도 괜찮다. 돈만 놓고 보면 그들 사이에는 아무런 차이가 없다.

헤아려 보는 방법은 경제학 교과서가 가르치는 개인의 의사결정 순서를 따를 예정이다. 단 최대화하는 목적함수는 효용 대신 돈 자체다. 이미 갖고 있는 돈의 규모에 따라 개인이 느끼는 효용의 변화를 알고자 하는 게 아니기 때문이다.

첫 번째 순서는 '선택할 수 있는 모든 선택지를 열거'하는 일이다. 가장 간단한 상황으로서 돈내기가 한 가지 종류만 있다고 가정하겠다. 이때 선택지는 돈내기를 하지 않거나 혹은 하거나의 둘이다. 여러 종류의 돈내기를 가정하는 일은 이 경우의 단순한 확장에 지나지 않는다.

두 번째 순서는 '각 선택지마다 발생 가능한 모든 결과를 상상'하는 일이다. 돈내기를 하지 않는 않았을 때 발생 가능한 모든 결과는 오직 한 가지다. 돈이 늘거나 줄지 않고 그대로 있는 상태다. 돈내기를 했을 때의 결과는 내기에 이기거나 혹은 지는 두 가지로 가정하겠다.

세 번째 순서는 '각각의 결과가 내 돈에 어떤 영향을 줄지를 추정하고 각각의 확률도 추산'하는 일이다. 돈내기를 하지 않았을 때는 따로 따질 사항이 없다. 돈내기를 해서 이겼을 때 이익은 60 퍼센트, 그리고 졌을 때 손실은 50퍼센트로 가정한다. 이기거나 질 확률은 서로 1/2로서 같다고 가정하겠다.

네 번째 순서는 '내 돈의 증감이 내 효용에 어떤 영향을 줄지를 구체적으로 명시'하는 일이다. 여기서는 효용 대신 돈 자체를 따지기로 정했으니 네 번째 순서는 생략 가능하다.

다섯 번째 순서는 '각 선택지에 해당하는 내 돈의 기댓값을 구하는' 일이다. 1억 원을 건다고 할 때 1/2의 확률로 6천만 원이 생기고, 남은 1/2의 확률로 5천만 원을 잃는다. 따라서 기댓값은 1/2 곱하기 1.6억 원인 8천만 원에 1/2 곱하기 5천만 원인 2천5백만 원을 더한 1억 5백만 원으로 계산된다. 생기는 돈, 즉 이익의 기댓값인 5백만 원을 건 돈 1억 원으로 나누면 수익률의 기댓값은 5퍼센트다. 한마디로 흐뭇한 결과다.

$$돈의\ 기댓값 = \frac{1}{2} \times 1억\ 6{,}000만\ 원 + \frac{1}{2} \times 5{,}000만\ 원 = 1억\ 500만\ 원$$

$$이익의\ 기댓값 = 1억\ 500만\ 원 - 1억\ 원 = 500만\ 원$$

$$기대수익률 = \frac{500만\ 원}{1억\ 원} \times 100 = 5\%$$

이제 마지막 여섯 번째 순서를 밟을 차례다. 여섯 번째 순서는

'내 돈의 기댓값이 가장 큰 선택지를 골라 행동'하는 일이다. 돈내기를 하지 않는 선택지의 돈의 기댓값은 원래 갖고 있던 1억 원이다. 100퍼센트의 확률로 돈의 변화가 없기 때문이다. 돈내기를 하는 선택지의 돈의 기댓값은 건 1.05억 원이다. 따라서 내가 가져야 할 올바른 행동은 돈내기를 하는 쪽이다.

경제학 교과서를 따르자면 우리 모두는 위와 같은 돈내기가 있을 때 돈내기를 해야만 한다. 그게 합리적인 결정이라고 경제학은 가르치고 있어서다. 위의 검토 과정과 계산 그리고 결론에는 아무런 모호함이 없다.

그런데 과연 그럴까?

기댓값으로는 돈내기를 하는 쪽이 5퍼센트 더 높다. 그러나 그 사실이 성공을 보장해 주지는 못한다. 운이 좋으면 가진 돈을 60퍼센트만큼 불리겠지만 운이 나쁘면 가진 돈이 50퍼센트만큼 줄어든다. 100명이 돈내기를 한다면 그중 50명은 운이 니쁜 쪽에 당첨되기 마련이다. 이는 단순한 수학적 사실에 그치지 않는다. 역사적으로도 도박에서 운이 좋기를 기대했다가 꽝을 뽑아서 전세 보증금을 날리거나 파혼이나 이혼 위기에 처했던 사람이 한둘이 아니다.

경제학은 방금 한 지적에 할 말이 없지 않다. 기댓값이 큰 쪽을 택하는 게 합리적이라고 했을 뿐 언제나 더 좋은 결과를 보장한

적은 없다는 반박이다. 개별 돈내기의 성공과 실패가 경제학이 정할 수 없는 영역인 것은 맞다. 하물며 50 대 50의 확률이라면 더욱 그렇다.

그럼에도 경제학은 여전히 기댓값이 높은 쪽을 골라야 한다고 주장한다. 단기적으로는 손실을 볼 수 있지만 기댓값이 높은 쪽을 고르는 쪽이 장기적으로 더 나은 결과를 가져온다고 생각하기 때문이다. 이러한 논리와 결론에 대한 경제학의 입장은 확고하다. 반복해서 돈내기를 하는 상황이라면 기댓값이 높은 선택지를 고르는 일은 두뇌가 필요 없을 정도로 당연한 결정이다. 장기적으로 보면 돈이 더 많이 불어나있게 된다.

지금부터 하는 이야기는 경제학이 도무지 잘 다루지 않는 내용이다. 몰라서 그럴 수도 있고, 알긴 아는데 대답할 말이 없어서일 수도 있다. 어느 쪽인지가 그렇게 중요하지는 않다.

먼저 앞의 돈내기를 두 번 연달아 한다고 상상해보겠다. 첫 번째든 두 번째든 돈의 기댓값을 최대화하는 결정은 언제나 돈내기를 하는 쪽이다. 돈내기를 했을 때의 돈의 기댓값은 매번 건 돈의 105퍼센트다. 그러므로 사람들은 언제나 돈내기를 하는 결정을 내려야 마땅하다.

100명의 사람이 각기 1억 원의 돈을 갖고 돈내기를 한다고 가정하자. 첫 번째 내기가 끝난 후 50명은 1.6억 원을, 나머지 50명은 5천만 원의 돈을 갖게 된다. 운이 좋았던 50명이 다시 내기를 하면 그중 25명은 2.56억 원으로 돈이 더 불어난다. 1.6억 원에 다시 1.6을 곱한 값이 2.56억 원이기 때문이다. 나머지 25명은 1.6억 원 곱하기 0.5의 돈에 그친다. 그 값은 8천만 원이다.

첫 번째 내기에서 돈을 잃었던 50명은 어떨까? 25명은 5천만 원에 1.6을 곱한 8천만 원을 가지게 되어 손실을 일부 메웠다. 나머지 25명은 5천만 원에 0.5을 곱한 2천5백만 원에 만족할 수 밖에 없다. 정리해보면 100명 중 25명은 2.56억 원, 50명이 8천만 원, 25명이 2천5백만 원을 갖게 된다. 달리 말해 100명 중 75명, 즉 네 명 중 세 명 꼴로 돈을 잃었다.

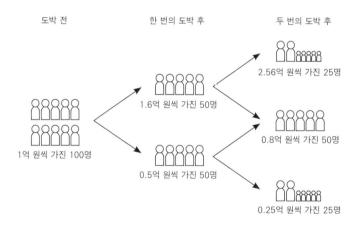

도박 전

한 번의 도박 후

두 번의 도박 후

1억 원씩 가진 100명

1.6억 원씩 가진 50명

0.5억 원씩 가진 50명

2.56억 원씩 가진 25명

0.8억 원씩 가진 50명

0.25억 원씩 가진 25명

경제학자가 무슨 말을 할지는 충분히 예상 가능하다. 두 번은 충분히 긴 장기가 아니라는 설명이다. 동전 던지기도 연속으로 앞면이 나올 확률은 1/4에 지나지 않는다. 그건 뒷면이 두 번 연달아 나와 연속으로 손실을 보는 확률과 같다. 그렇게만 놓고 보면 공평해 보인다.

문제는 그게 아니다. 돈내기의 이익의 기댓값이 0보다 큰 데도 불구하고 왜 앞면과 뒷면 혹은 뒷면과 앞면이 나오는 때조차 돈을 잃게 되는지다. 경제학에 이를 설명할 대답은 준비되어 있지 않다. 두 번 또한 충분히 긴 장기가 아니라는 반론 정도가 전부일 터다.

얼마나 길어야 장기인지 여러분도 궁금해지기 시작했을 것 같다. 30번 정도면 어떨까? 경제학이 중요하게 여기는 정규분포는 30번 이상 반복 시행하면 성립된다고 통계학은 말한다. 그런데 실제로 30번을 해 보면 원금인 1억 원 이상으로 돈을 갖고 카지노를 나서는 사람의 비율은 18퍼센트에 그친다. 100명 중 82명이 돈을 잃고 만다는 뜻이다.

아직도 충분히 긴 장기가 아니라고 생각할 사람도 있기는 있을 터다. 지금까지 나온 추세는 분명하지만 혹시 기적과도 같은 일이 벌어질지도 모른다. 그러니 조금 더 계산 결과를 보여주겠다. 돈내기를 100번 하면 어떻게 될까? 이제 원금 이상을 갖고 카지노를 나서는 사람의 비율은 2.8퍼센트로 줄었다.

혹시라도 오해가 있을까봐 한 가지 사실을 명확히 하겠다. 앞의 돈내기에서 수익률의 기댓값은 할 때마다 5퍼센트다. 그러므로 돈내기를 100번 할 때의 수익률 기댓값은 돈의 기댓값인 1.05의 100제곱인 131.5에서 원금 1을 뺀 130.5다. 퍼센트로 하면 13,050 퍼센트, 배수로 하면 130.5배의 돈을 불렸다는 의미다. 평균적으로는 어마어마하게 돈이 불어나야 한다. 그러나 실제로 돈이 불어난 사람은 100명 중 채 3명이 안 된다.

마지막으로 1,000번을 할 때의 결과도 구해보았다. 원금을 넘길 확률은 0.00000007퍼센트에 약간 못 미친다. 100억 명이 하면 6명만이 이익을 본다는 뜻이다. 제프 베이조스, 빌 게이츠, 워런 버핏, 일론 머스크와 그들의 친구 2명 정도만이 웃으며 카지노를 떠날 수 있다. 이게 경제학이 주장하는 합리적인 결정의 결과다.

앞의 돈내기를 1,000번 반복하는 일은 세상에서 가장 어리석은 일 중 하나다. 그렇게 하라고 말하는 경제학도 다르지 않다.

국내총생산의 증가가
국민 모두에게 좋은 일이라고 말해도 될까_____

경제 성장은 모든 국가가 원하는 바다. 한 나라의 경제 상황을 요약해 보여주는 대표적인 지표가 앞에 나왔던 국내총생산과 1인당 국민소득이다. 그래서 국내총생산과 1인당 국민소득의 증가가 경제 성장의 증거로 제시되곤 한다. 이들이 커지는 것을 마다할 사람은 없을 것 같다. 아무리 못해도 줄어드는 일보다는 낫다는 믿음이 있다.

그렇다면 이들의 증가가 모든 국민에게 좋은 일일까? 꼭 그렇지는 않다. 1인당 국민소득이 늘었다고 해서 모든 국민의 소득이 늘어났으리라 기대하기는 무리다. 실직이나 사업 부도 혹은 투기 실패 등으로 소득과 재산이 줄어든 사람이 있을 수 밖에 없다.

그렇지만 최소한 "평균적으로는 좋아졌다"고 경제학은 이야기한다. 각 개인의 소득이 늘어났다고 보장할 수는 없지만 평균적인 개인의 소득은 늘어나기 마련이라는 식이다. 1인당 국민소득은 일종의 평균 소득이다. 평균 소득인 1인당 국민소득의 증가를 보통의 사람들이 예전보다 더 잘살게 됐다는 증거로 내놓는 일이 흔하다.

1인당 국민소득은 나라 간의 비교에도 많이 사용된다. 어느 나라가 다른 나라보다 1인당 국민소득이 크다면 그 나라 국민들이 더 잘산다는 식의 설명이 따라 나온다. 여기서도 마찬가지지만 그 나라 국민 모두가 다른 나라 국민 모두보다 잘살 리는 없다. 하지만 평균적인 국민은 더 잘산다는 설명이 뒤따른다.

가상의 두 나라 도라지와 미나리를 비교해 보겠다. 먼저 도라지의 1인당 국민소득은 5천만 원이고 미나리의 1인당 국민소득은 4천만 원이다. 도라지의 평균적인 국민은 미나리의 평균적인 국민보다 1천만 원만큼 더 돈을 번다. 고를 수만 있다면 도라지의 국민이 되는 쪽이 미나리의 국민이 되는 쪽보다 나은 선택처럼 보인다.

이제 도라지와 미나리의 실상을 확인해보자. 두 나라 모두 국민의 수는 10명이라고 가정한다. 미나리는 10명 중 4명의 소득이 4천만 원이다. 이어 2명씩 각각 4천5백만 원과 3천5백만 원의 소득을 올린다. 마지막으로 1명씩 각각 5천만 원과 3천만 원의 소득이 있다. 이를 평균 내면 4천만 원이라는 1인당 국민소득이 나온다.

도라지는 어떨까? 먼저 4억 1천만 원을 버는 사람이 1명 있다. 나머지 9명의 소득은 공평하게 똑같다. 모두 천만 원씩이다. 이를 다 합치면 5억 원의 국민총소득이 나온다. 5억 원을 인구 수 10으로 나눈 결과가 5천만 원의 1인당 국민소득이다.

도라지의 국민 중 미나리의 1인당 국민소득보다 더 많은 소득을 올리는 사람은 몇 명일까? 단 한 명에 불과하다. 나머지 9명의 소득은 비단 미나리의 1인당 국민소득보다 적다는 사실로 끝이 아니다. 그들 모두는 미나리의 모든 국민보다 더 적은 돈을 번다.

이처럼 투명한 자료가 제공된다면 사람들은 어느 쪽을 더 원할까? 아마도 10명 중 9명은, 아니 100명 중 99명은 도라지보다는 미나리의 국민이 되기를 원할 것이다.

문제는 현재의 국내총생산과 1인당 국민소득으로는 위와 같은 정보를 알 방법이 없다는 데 있다. '국내총생산을 계산했으면 필요한 정보를 이미 다 갖고 있는 거 아냐?' 하고 생각할 독자가 있을 것 같다. 현실의 경제학은 위와 같은 정보에 관심이 없다.

경제학은 국내총생산을 기업의 자료를 가지고 계산한다. 즉 국내총생산의 거의 대부분은 기업이 벌어들인 돈이다. 그 돈은 결코 자동으로 평균적인 국민에게 흘러들어오지 않는다. 회사를 소유한 소수의 사람들만이 누릴 이익이다. 4억 1천만 원을 버는 도라지의 황제만 만질 수 있는 풍요다.

국내총생산이 증가된 모든 경우가 물론 도라지 같은 상황은 아닐 수 있다. 이론상 그중에는 미나리 같은 나라의 국민이 모두 5백만 원씩 소득이 올라가는 때도 있다. 그런데 국내총생산과 1인당 국민소득으로는 그걸 파악할 방법이 없다. 전체가 뭉뚱그려진 결과만 얻을 뿐이다.

국내총생산과 1인당 국민소득으로 한 나라의 경제를 평가하는 일은 평균 체온을 가지고 사람의 건강을 평가하는 일과 같다. 평균 체온이 섭씨 37도라고 해서 그 사람이 건강하다고 결론 내리는 일은 섣부르다 못해 어처구니없다. 머리를 난로에 대고 발을 얼음에 댄 사람도 평균 체온은 37도가 나온다.

2장

새로운 패러다임, 에르고드 이코노미

physics

기존 경제학의 원리로는 단순한 경제 문제마저 해결하지 못함을 앞 장에서 살펴 보았다. 이번 장에서는 기존 경제학을 대신할 새로운 패러다임인 에르고드 경제학이 등장하게 된 배경을 소개하려 한다. 에르고드 경제하에 대한 본격적인 설명은 다음 장인 3장부터 마지막 장인 5장까지다. 각각의 장은 1장에서 설명했던 기존 경제학의 세 가지 핵심 주장과 일대일 대응된다. 말하자면 가시덤불 같은 기존 경제학의 넝쿨을 뿌리째 뽑아내겠다는 뜻이다.

이제 빛을 향한 새로운 여행을 시작해보자.

월가의 현자 나심 니콜라스 탈레브가
처음으로 균열을 감지하다_____

왜 경제학의 문제를 진지하게 고민하게 됐는지 개인적인 이유를 설명하려고 한다. 누군가에게 경제학은 단순한 지적 유희나 다름 없었다. 맞아도 그만 틀려도 그만이었다. 내게는 아니었다. 경제학의 옳고 그름은 언제 내 머리 위로 떨어질지 모르는 다모클레스의 칼*이었다.

2005년 나는 런던에서 새로운 일을 시작했다. 영국의 가장 오래된 은행 바클레이스의 비정형옵션 트레이더가 나의 새로운 직이었다. 트레이더는 한마디로 외로운 존재였다. 시장의 가격은 예측대로 움직이지 않았다. 어설픈 확신은 곧 감당이 되지 않을 금전적 손실로 돌아왔다. 시장이 널을 뛰면 세상에 의지할 곳은 아무 데도 없었다. 내 돈이 아닌 은행 돈이었지만 크게 잃으면 즉시 직장을 잃을 터였다.

비정형옵션을 매매해야 했던 나는 기묘한 수학 문제를 실시간

---

*다모클레스는 기원전 4세기에 시라쿠사를 지배했던 디오니시오스의 신하다. 다모클레스가 디오니시오스의 권세를 칭송하며 아부하자 디오니시오스는 하루 동안 자신과 역할을 바꿀 것을 제안했다. 다모클레스가 막상 디오니시오스의 왕좌에 앉고 보니 바로 머리 위에 한 가닥 말총에 매달린 칼이 자신을 위태롭게 겨누고 있었다. 권력을 잡고 유지하느라 만들게 된 수많은 적을 상기하기 위해 디오니시오스가 달아 놓은 것이었다. 다모클레스는 하루를 채 버티지 못하고 다시 제자리로 돌아가게 해달라고 디오니시오스에게 간청했다.

으로 풀어야 했다. 온갖 옵션의 가격을 구하는 문제였다. 남보다 늦게 풀면 돈을 잃을 수 있었다. 남들과 완전히 다른 값을 구해도 돈을 잃을 수 있었다. 그렇다고 남들과 비슷한 값을 구해서는 돈을 벌기가 쉽지 않았다. 나는 미친 듯이 미분방정식을 풀고 조건을 조합하고 가상세계에서 주사위를 던졌다.

당시 트레이더라면 누구나 알던 책이 있었다. 1997년에 출간된 『다이내믹 헤징』이라는 책이었다. 저자는 펜실베이니아대학 MBA 이면서 파리대학에서 금융수학으로 박사학위를 받은 사람이었다. 무엇보다도 그는 투자은행에서 일한 현직 옵션 트레이더였다. 그런 그에게 동질감을 느낀 것은 당연했다. 책에는 트레이딩을 직접 해 본 사람만이 할 수 있는 이야기들이 가득했다. 그의 이름은 나심 니콜라스 탈레브였다.

내가 『다이내믹 헤징』 읽기를 마친 때는 2005년 5월 8일이었다. 그게 탈레브를 알게 된 계기는 아니었다. 그해 4월초 런던 피카딜리 서커스 근처에 있던 서점에 갔다가 우연히 발견한 탈레브의 두 번째 책이 먼저였다. 바로 2001년에 나온 『행운에 속지마라』였다. 그 후 주말마다 운동 삼아 템스강변을 하루 종일 걷던 내 손에는 항상 『행운에 속지마라』가 들려 있었다. 어디서도 들어보지 못한 이야기를 탈레브는 늘어놓았다. 그 책은 완전히 나를 사로잡았다.

『행운에 속지마라』에서 가장 깊은 인상을 받았던 내용은 책의 27페이지(한국어판 63쪽)에 있었다. 러시아식 룰렛을 다루는 내용이었다. 이 도박은 파스칼이 만든 룰렛을 사용하지 않는다. 대신 원통형 탄창에 여섯 발의 탄환을 넣는 일명 리볼버 권총을 사용한다.

러시아 룰렛의 규칙은 단순하다. 먼저 룰렛을 하는 사람이 원통형 탄창에 한 발의 총알만 장전한다. 탄창의 나머지 다섯 발 장탄 공간은 비어있다. 이어 탄창을 힘차게 돌린다. 탄창의 회전은 진짜 룰렛의 원반 회전에 비유할 만하다. 그런 후 탄창을 무작위하게 세우고는 자기 머리에 권총을 겨누고는 방아쇠를 당긴다. 총알이 발사되면 그걸로 끝이다. 방아쇠를 당긴 노름꾼은 죽는다.

탄환이 들어있지 않아 공이쇠 때리는 소리만 나면 다음 사람이 그대로 권총을 이어받는다. 곧바로 방아쇠를 당기든가 아니면 겁에 질려 패배를 인정하든가 둘 중 하나다. 두 번째도 총알이 나가지 않으면 다음 차례가 이어 받는다. 누군가 죽거나 혹은 항복할 때까지 러시아 룰렛은 계속된다. 한마디로 러시아 룰렛은 미친 짓이다.

러시아 룰렛을 제일 먼저 언급한 사람은 19세기 러시아의 시인 미하일 레르몬토프다. 레르몬토프가 1840년에 쓴 소설집 『우리 시대의 영웅』에 금화 20냥을 상금으로 걸고 러시아 룰렛을 하는 이야기가 나온다. 1814년에 태어난 레르몬토프는 덜커덩대는 삶을 살았다. 부정행위가 발각돼 모스크바대학을 그만뒀고 이어 근위대 기병장교가 되었지만 귀족을 비판하는 시를 쓴 죄로 변방인 캅카스 주둔 연대로 쫓겨났다. 레르몬토프는 28살 때인 1841년 동료 장교와 결투를 벌이다 권총에 맞아 죽었다.

탈레브는 『행운에 속지마라』에서 상금이 120억 원인 러시아 룰렛을 하고 싶냐고 물었다. 상금의 기댓값은 틀림없이 매력적이다. 여섯 발의 총알 중 한 발만 장전했으므로 총알이 발사되지 않을 확률은 5/6이다. 따라서 상금의 기댓값은 120억 원 곱하기 5/6인 100억 원이다. 하지만 여섯 번에 한 번 꼴로 노름꾼은 목숨을 잃는다.

그에 의하면 25살인 사람 한 명이 매년 러시아 룰렛을 한다면 50번째 생일을 맞이할 가능성은 극히 낮다. 반면 25살인 수천 명이 동시에 러시아 룰렛을 한다면 잘난 척하는 아직 죽지 않은 졸부를 흔하게 만날 수 있다. 그는 똑같은 120억 원이라도 러시아 룰렛을 해서 번 돈이 치과의사가 충치를 치료해서 번 돈과 같지 않다고 했다. 전자의 120억 원에 숨어 있는 시체의 냄새를 맡았기 때문이었다.

탈레브에게 러시아 룰렛은 상징적인 비유였다. 낮은 확률일지언정 이른바 '게임 오버'가 될 수 있는 가능성이 있다면 기댓값에 의존하는 결정은 난센스 그 자체라는 이야기였다. 경제학의 기댓값 최대화가 장기적인 최선의 결과를 보장하지 못한다는 통찰의 결과기도 했다.

진짜 권총 없이도 경제에서 러시아 룰렛을 할 수는 있다. 잘못되면 모든 것을 잃는 도박을 하는 경우다. 대개 그런 상황은 돈을 빌려서 뭔가를 할 때, 즉 금융 용어로 레버리지를 일으켰을 때 쉽게 일어난다.

가령 권총 없이 하는 러시아 룰렛을 가정해보자. 주사위를 던져 1부터 5 사이의 눈이 나오면 전 재산의 120배를 추가로 받는다. 만약 6이 나오면 전 재산을 잃는다. 어떤 사람이 이러한 룰렛을 할 때 수익률의 기댓값은 얼마일까? 9,983퍼센트라는 비현실적인 숫자가 그 답이다. 이 기댓값에 현혹돼 돈을 계속 건다면 곧 그는 파산한다.

$$\text{이익의 기댓값} = \text{전 재산} \times \left(\frac{5}{6} \times 120 + \frac{1}{6} \times (-1) \right)$$

$$\cong \text{전 재산} \times 99.83$$

$$\text{수익률의 기댓값} = \frac{\text{이익의 기댓값}}{\text{전 재산}} = 99.83$$

1장에서 여러분이 봤던 60퍼센트의 이익과 50퍼센트의 손실이라는 두 가지 가능성의 장기적 결과는 탈레브가 러시아 룰렛으로 상징한 상황의 비교적 얌전한 예였다. 얌전하지만 그 노름도 오래 하면 거의 모두가 잃는다.

물리학자 루트비히 볼츠만이 에르고드 개념을 세우다_____

이번 절에서는 잠깐 경제는 내려 놓고 물리를 조금 이야기하려 한다. '무슨 뚱딴지 같은 소린가?' 하고 의아해할 독자가 있을 것 같다. 조금만 참아 주기를 바란다. 전혀 다른 방향으로 가는 것처럼 느껴지겠지만 그래야 할 이유가 있다. 물리가 거북하면 드문드문 이번 절을 읽어도 괜찮다. 뒤쪽에 나올 에르고드를 정의하고 설명하는 부분만 놓치지 않으면 된다.

1822년에 태어난 독일의 물리학자 루돌프 클라우지우스는 열역학계에서 열의 미분량을 온도로 나눈 값을 정의했다. 처음에 독일어로 변환이라 이름 붙였던 값을 그는 1865년 새롭게 '엔트로피^{entropie}'라고 명명했다. 엔트로피는 에너지의 엔^{en}과 변화를 뜻하는 트로페^{trope}를 합쳐 만든 말이었다.

클라우지우스는 열역학 제2법칙의 한 형태를 1854년에 선언한 사람이기도 했다. 열역학 제2법칙은 에너지가 보존된다는 열역학 제1법칙에 비해 오해하기 쉬운 물리 법칙이었다. 클라우지우스는 애초에 열역학 제2법칙을 "다른 변화가 동시에 수반되지 않는다면 열은 결코 차가운 곳에서 따뜻한 곳으로 이동하지 않는다"고 설명했다.

경험상 열역학 제2법칙에 반하는 결과는 자연 상태에서 벌어지지 않는다. 예를 들어, 끓는 물과 얼음 물을 한 욕조에 담으면 잠시 후 물의 온도는 위치에 상관없이 하나의 값으로 수렴한다. 열이 많은 곳에서 적은 곳으로 자연스럽게 이동했기 때문이다. 반대로 욕조에 담긴 물이 얼마 후 끓는 물과 얼음 물로 저절로 분리되는 일은 결코 발생하지 않는다.

엔트로피는 열역학 제2법칙과 결합될 수 있는 개념이었다. 아무런 외부의 에너지 없이 변환이 가능한 이른바 가역과정에서 엔트로피는 0이다. 반면 외부의 에너지가 개입되지 않는 한 되돌리는 게 불가능한 이른바 비가역과정에서 엔트로피는 언제나 0보다 크다. 앞의 욕조의 물 예에서 엔트로피를 구해보면 실제로 0보다 큰 값이 나온다.

클라우지우스보다 22살 어린 루트비히 볼츠만은 열역학 제2법칙을 다른 방식으로 이해했다. 오스트리아 태생인 볼츠만은 오스트리아 빈대학에서 수학과 물리학을 배웠다. 25살 때인 1869년 오스트리아 그라츠대학의 수리물리학 교수가 되었고 이후 모교인 빈대학과 독일 뮌헨대학 및 라이프치히대학에서 가르쳤다.

볼츠만에게 기체의 열역학적 상태란 무수히 많은 기체 분자들이 서로 충돌하며 만든 결과였다. 무작위한 기체 분자의 운동이 일정한 질서를 가질 가능성이 없지는 않았지만 확률상 0이나 다름없었다. 볼츠만은 자연에서 관찰되는 기체의 상태가 결과적으로 확률이 큰 무작위한 상태라고 결론지었다.

열역학 제2법칙을 볼츠만처럼 이해하면 자연 상태는 곧 가장 무질서한 상태기도 했다. 이제 엔트로피는 자연의 무질서를 증가시키는 힘으로 둔갑했다. 엔트로피가 항상 0보다 크거나 같다는 사실은 자연의 무질서가 줄어들지 않고 오직 한 방향으로 늘어나기만 한다는 사실을 의미했다.

자신의 열역학 이론을 한창 전개하던 때인 1898년 볼츠만은 독일어로 이른바 에르고덴 가설Ergodenhypothese을 제시했다. 에르고덴 가설은 '충분한 시간이 주어지면 임의의 기체 분자의 궤적은 발생 가능한 모든 미시상태를 지나게 되고 각 미시상태가 가지는 시간의 길이는 서로 같다'는 가정이었다. 볼츠만이 민든 에르고덴ergoden이라는 독일어 형용사는 영어로는 에르고딕ergodic으로 옮겨졌다.

볼츠만은 자연이 끝도 없이 무질서해진다는 열역학 제2법칙의 결론을 혐오했다. 그래서 무질서를 발생시키는 엔트로피에 저항하는 힘을 가정하고 싶어했다. 사실 엔트로피는 무질서를 발생시키는 원인이라기보다는 무질서해지는 현상을 나타내는 변수일 뿐이었지만 볼츠만에게는 그게 그거였다. 에르고덴 가설은 그러한 볼츠만의 생각이 투영된 결과였다.

에르고드는 에너지의 길을 뜻한다_____

에르고덴은 그리스어 에르곤^{ergon}과 호도스^{hodos}를 합친 후 독일어의 어미를 붙인 말이다. 에르곤은 열과 같은 에너지를, 호도스는 길을 의미한다. 그리스어로 표현하자면 '에르고도스^{ergodos}'라고 말할 수 있다. 하지만 여기서부터는 명사로서 에르고드^{ergod}라는 말을 쓰려고 한다.

어떤 계가 에르고드하다는 말은 어떤 뜻일까? 앞의 설명대로라면 임의의 기체 분자가 시간이 지남에 따라 전체 공간 중 어디로 돌아다니는지를 따라 다니며 보나, 일정한 영역을 고정시켜 놓고 거기서 분자들이 어떻게 움직이는지를 보나 결과가 똑같다는 이야기다.

방금 한 에르고드의 설명이 잘 이해되지 않는 독자가 있을 것 같다. 조금 더 쉬운 말로 설명해보겠다. 기체를 충분히 긴 시간 동안 내버려두면 이른바 열역학적 평형 상태에 놓인다. 개별 기체 분자들은 여전히 운동하며 다른 분자들과 충돌하고 있지만 통계 관점에서 관찰되는 거시 변수는 안정하다. 달리 말해 기체의 온도는 어느 곳을 재더라도 다 똑같다. 우리가 측정하는 온도 자체가 온도계가 놓인 위치를 들락날락하는 여러 기체 분자들의 열역학적 상태를 평균한 값이다.

한번 기체가 열역학적 평형에 도달하면 외부에서 에너지가 주어지지 않는 한 거시적인 상태는 변하지 않는다. 상온에 도달한 욕조의 물이 저절로 끓는 물과 얼음 물로 나뉘지 않는 것과 같다. 열역학 제2법칙 때문이다. 그렇다면 어느 위치에서든 여러 기체 분자의 상태를 평균한 결과가 한 개의 기체 분자의 상태를 시간에 대해 평균한 결과와 같기 마련이다.

조금 더 정리해 말하면, 시간에 대해 평균한 값과 공간, 즉 앙상블ensemble에 대해 평균한 값이 같게 된다. 앙상블은 소규모 합주단을 가리키는 말로 여기서는 총체를 의미한다*. 즉 앙상블 평균은 일종의 공간 평균으로 이해할 수 있다. 결과적으로 어떤 계가 에르고드하다면 그 계의 시간 평균과 앙상블 평균이 서로 같아야 한다. 역으로 어떤 계의 앙상블 평균과 시간 평균이 같다면 그 게는 에르고드하다. 볼츠만 덕분에 우리는 에르고드라는 개념을 알게 되었다.

에르고드는 한국어로 번역된 적이 없는 말이다. 어쩔 수 없이 에르고드라는 말을 여기서 지금 쓰고 있지만 본래의 뜻을 살피면

---

* 전체를 이루는 여러 구성원을 모아 놓은 집합이 바로 앙상블이다.

'에너지의 길'이다. 에너지가 있는 기체 분자들이 움직여 가는 길이라는 의미다.

이러한 의미를 가지는 말을 한국어로 옮길 수는 없을까? 에너지를 의미할 수 있는 한자 중에 기운 기$氣$가 있다. 또한 길을 나타내는 한자로 길 도$道$가 있다. 둘을 합치면 에르고드는 곧 기도$氣道$다. 새로운 경제학의 이름을 기도 경제학이라고 부를 수 있는 이유다.

조울증을 앓던 볼츠만은 안타깝게도 1906년 스스로 목숨을 끊었다.

경제와 에르고드 사이에 무슨 관계가 있나_____

'무언가가 에르고드하다'는 말이 무슨 의미인지 좀 더 자세하게 설명해보자. 다음의 두 가지 성질이 모두 만족된다면 그 대상은 에르고드하다.

첫째, 전체를 구성하는 개별 구성원이 서로 구별되지 않고 꼭 같다. 동질한 존재끼리만 모여 있어야 에르고드할 수 있다. 달리 말해 이질적인 존재가 끼어 있으면 에르고드할 수 없다.

둘째, 각 구성원은 전혀 변화하지 않고 일관된 성질을 가진다. 성질이 시간에 대해 불변이라는 의미다. 어떨 때는 안정하다가 또 다른 때에 불안정한 성질을 갖는 존재들로 구성된 전체는 에르고드할 수 없다.

그렇다면 에르고드하기 위해 요구되는 두 가지 성질을 모두 만족하는 대상에 무엇이 있을까? 이 질문은 답하기 그렇게 어렵지 않다. 이 책을 여기까지 읽은 사람이라면 최소한 하나는 대답할 수 있다. 바로 기체 분자다.

기체 분자는 서로 구별되지 않는다. 두 개의 수소 분자를 구별하려는 노력은 소용이 없다. 그것들은 전적으로 같으며 그렇기에 서로 대신해도 괜찮다. 원래 있던 수소 분자 하나를 빼내고 그 자리에 다른 수소 분자 하나를 집어 넣는다고 해서 전체의 상태나 성질이 달라지는 일은 없다. 그들은 완벽하게 호환되는 부품 같은 존재다.

심지어 기체 분자는 다른 종류 사이에서도 잘 구별되지 않는다. 19세기 이탈리아의 물리학자이자 화학자인 아메데오 아보가드로는 온도와 압력이 같다면 기체의 종류와 상관 없이 같은 부피 안에는 같은 수의 기체 분자가 있다는 법칙을 찾아냈다. 가령, 섭씨 0도에 1기압의 조건이라면 22.4리터의 부피 안에 종류를 막론하고 6.02×10^{23}개의 기체 분자가 존재한다.

더불어 기체 분자의 성질은 시간에 대해 불변이다. 수소 분자의 고유한 성질은 어제나 오늘이나 똑같다. 어제까지 수소 분자이던 것이 외부의 에너지 없이 오늘 갑자기 산소 분자로 바뀌는 일도 없다.

기체 분자가 에르고드한 이유는 단순하다. 그러한 기체 분자의 성질이 만족되도록 볼츠만이 만든 개념이 에르고드기 때문이다. 방금 동어반복처럼 보이는 말을 한 이유는 무얼까? 기체 분자가 아니고서는 에르고드하기가 쉽지 않다는 사실을 암시하기 위해서다.

어떤 대상이 에르고드하다는 증거는 없지만 그렇다고 가정하면 무슨 일을 할 수 있을까? 담대한 일을 저지를 수 있다. 대상의 앙상블 평균을 구한 뒤 그걸 개별 객체의 시간 평균으로 대신하는 일이다. 이론상 대상의 시간 평균을 구한 다음 그걸 앙상블 평균으로 삼는 일도 가능하지만 그러한 일은 거의 벌어지지 않는다. 앙상블 평균을 구하는 일은 쉽고 빠른 반면 시간 평균을 구하는 일은 귀찮고 시간이 많이 걸리기 때문이다.

그러한 일이 벌어지고 있는 분야 중 하나가 심리학이다. 일례로, 펜실베이니아주립대학의 피터 몰리나르는 심리학이 에르고드를 잘못 가정하고 있다고 선언했다. 사람의 심리가 에르고드하다고 심리학은 전제하지만 앞뒤가 맞지 않는 이야기라는 고백이다.

심리학이 탐구하는 궁극의 대상은 각 개인의 마음이다. 그걸 잘 알려면 각각의 사람을 오랫동안 관찰해야만 한다. 그런데 그렇게 하기에는 시간이 너무 걸리고 또 돈도 많이 든다. 어느 누구도 누군가의 실험용 쥐 같은 신세가 되어 관찰되기를 원하지 않는다.

그래서 심리학은 한 사람을 오랜 기간 관찰하는 대신 여러 사람을 잠깐 관찰하는 방법을 택해 왔다. 시간 별 심리 상태의 변화를 보는 대신 심리의 앙상블 평균으로써 각 개인의 미래 심리 상태를 알 수 있다고 가정했던 것이다. 몰리나르는 그러한 가정에 근본적인 오류가 있다고 꼬집었다. 각각의 사람을 이해하기 위해 그들의 개별적인 특성을 무시해야 한다는 논리는 사람이 기체 분자와 다르지 않다는 말에 다름없었다.

에르고드를 잘못 가정했을 때 흔히 벌어지는 일의 예를 들어보겠다. 어떤 사람이 외국어를 말할 때 익숙하지 않아 실수가 많다. 앙상블 평균의 관점으로 보면 외국어를 빠른 속도로 말하는 사람은 실수가 적고 반대로 천천히 말하는 사람은 문법과 어휘에 실수투성이다. 그러므로 실수를 줄이려면 외국어를 빨리 말해야 한다고 말할지 모른다. 에르고드 가정에 기반한 그러한 조언은 문제를 오히려 악화시킨다. 외국어에 익숙하기에 빨리 말할 수 있을 뿐 빨리 말한다고 해서 저절로 실수가 줄어들지는 않기 때문이다.

경제학에도 에르고드를 따질 부분이 있을까? 경제학자 중에서 경제학이 에르고드하다고 이야기하는 사람은 없다. 하지만 에르고드 가정은 경제학의 근본에 자리잡고 있다. 앞에서 살펴본 경제학의 세 가지 핵심 주장이 모두 직간접적으로 에르고드 가정과 관련되기 때문이다.

왜 그런지 알아보자. 모든 사람이 호모 에코노미쿠스라는 주장은 사람을 기체 분자와 같은 동질한 존재로 보겠다는 생각과 다르지 않다. 또한 국내총생산과 1인당 국민소득이 중요하다는 주장은 앙상블 평균으로써 모든 국민의 경제 상태를 나타낼 수 있다는 관념을 담고 있다.

그럼에도 앞의 두 가지는 남은 한 가지에 비하면 사소해 보인다. 기댓값을 최대화한다는 경제적 합리성은 그 자체가 에르고드 가정이기 때문이다. 겉으로 드러내놓고 에르고드를 가정한 적이 없다고 하더라도 기댓값 최대화 때문에 경제학은 에르고드를 가정하고 있다.

우리는 되돌릴 수 없는 시간을 살 뿐 평행우주를 살지 않는다_____

이쯤에서 1장에 나왔던 돈내기를 다시 생각해보자. 이기면 60퍼센트의 돈을 불리고 지면 50퍼센트의 돈을 잃는 조건이다. 이기거나 지는 확률은 각각 50퍼센트로 똑같다.

경제학은 이익의 기댓값이 가장 큰 선택지를 택해야 한다고 주장한다. 위 돈내기의 이익 기댓값은 건 돈의 5퍼센트로 돈내기를 하지 않는 선택지보다 크다. 따라서 돈내기를 하는 편이 합리적인 결정이다. 그리고 매번 기댓값을 최대화하는 결정을 내리면 결과적으로 최선의 결과가 뒤따르기 마련이다.

이를테면, 경제학은 평균 수익률이 높은 주식에 돈을 거는 쪽이 안전한 예금을 들거나 혹은 국채를 사는 쪽보다 장기적으로 더 큰 수익을 거두는 방안이라고 시사한다. 펜실베이니아대학의 제러미 시겔 같은 사람은 기회가 될 때마다 텔레비전에 나와 그와 같은 주장을 편다.

방금 한 이야기의 논리 구조를 따라가보겠다. 먼저 이익의 기댓값을 구하는 일은 바로 앙상블 평균을 구하는 과정이다. 발생 가능한 상태는 모두 두 가지다. 60퍼센트의 이익을 보든가 50퍼센트 손실을 본다. 기댓값은 각각의 손익에 해당하는 확률을 곱해 더한 값이다. 앙상블 평균을 구하는 계산법과 정확히 똑같다.

앙상블 평균으로써 시간 평균을 갈음하는 일은 은연중에 이루어진다. 위 과정에서 "매번 기댓값을 최대화하는 결정을 내리면 결과적으로 최선의 결과가 뒤따르기 마련"이라는 부분에 해당한다. 이로써 경제적 합리성이 에르고드 가정을 바탕으로 만들어져 있다는 사실이 확인된다.

경제학이 에르고드를 가정하고 있다는 말은 어떤 의미일까? 조금 전에 보았듯이 앙상블 평균을 구한 후 시간 평균이 앙상블 평균과 같을 거라고 믿는다는 의미다. 에르고드를 가정하고 있기 때문에 돈의 시간 평균이 돈의 앙상블 평균과 다르지 않다고 보는 것이다.

우리는 앞의 돈내기의 장기적 결과를 이미 알고 있다. 장기적 결과는 곧 돈의 시간 평균이기도 하다. 그런데 그 값은 돈의 앙상블 평균, 즉 돈의 기댓값과 같지 않다. 돈의 기댓값으로는 한 번 돈내기를 할 때마다 5퍼센트씩 돈이 불어나야 마땅하다. 실제로 돈내기를 천 번 연달아 하면 100억 명 중에서 6명 만이 돈을 잃지 않는다. 즉 돈의 시간 평균은 앙상블 평균과 완전히 다르다. 달리 말해 경제가 에르고드하다는 경제학의 가정은 설 땅이 없다.

1장에서는 돈내기의 장기적 결과를 보이는 데서 그쳤다. 여기서는 돈내기의 장기적 결과가 기댓값과 왜 다른지를 설명하겠다. 말하자면 돈의 시간 평균과 앙상블 평균이 서로 다를 수 밖에 없는지를 알아보려 한다.

여러분이 1억 원의 돈을 갖고 돈내기를 한다고 가정하겠다. 돈내기를 하면 50퍼센트의 확률로 6천만 원이 생기거나 남은 50퍼센트의 확률로 5천만 원을 잃는다. 이 두 가지 상태의 확률이 서로 같으므로 평균하면 5백만 원이라는 이익의 기댓값이 나온다. 달리 말해 돈을 딸 때와 잃을 때를 한 번씩 겪은 결과로서 평균적으로 건 돈의 5퍼센트의 이익을 기대할 수 있다는 의미다.

이번에는 다시 똑같은 1억 원의 돈을 가지고 돈내기를 두 번 연속해서 하는 상황을 생각하겠다. 두 번 모두 내기에 이기면 돈 2.56억 원으로 불어나고 두 번 모두 지면 돈이 2천5백만 원으로 줄어들고 한 번씩 이기고 지면 8천만 원이 된다는 사실은 이미 1장에서 이야기한 바다.

특별히 관심을 집중할 상황은 한 번씩 이기고 질 때다. 우선은 결과에 신경 쓰지 말고 그러한 시나리오가 무엇과 비슷한지를 생각해보자. 바로 앞에서 기댓값을 구할 때와 비슷하다는 사실을 깨달을 수 있다. 한 번은 이기고 또 한 번은 진다는 면에서 그렇다.

공통점은 또 있다. 둘 다 이기고 지는 순서가 상관이 없다는 사실이다. 동전 던지기에 비유해 설명하면 이해하기 쉽다.

기댓값을 구하는 일은 두 개의 동전을 동시에 던질 때와 비슷하다. 1번 동전은 앞면이 나오고 2번 동전은 뒷면이 나올 때와 1번 동전은 뒷면이 나오고 2번 동전은 앞면이 나올 때는 결과가 서로 다르지 않다. 어느 쪽 동전이든 간에 앞면 한 번과 뒷면 한 번이 평균된 결과를 얻는다.

한 개의 동전을 두 번 연달아 던질 때도 마찬가지다. 먼저 앞면이 나오고 나중에 뒷면이 나오나 정반대로 먼저 뒷면이 나오고 나중에 앞면이 나오나 결과는 같다. 이렇게만 보면 동전 두 개를 동시에 던지나 한 개를 두 번 던지나 서로 구별이 되지 않는다. 즉 전자가 앙상블 평균이라면 후자는 시간 평균이다. 둘이 서로 같으니 이제는 그다지 낯설지 않은 에르고드 가정이 실제로 성립한다는 증거처럼 느껴진다.

그런데 결정적인 차이가 둘 사이에는 존재한다. 앙상블 평균은 가상의 세계에서 얻어지지만 시간 평균은 실제의 세계에서 얻어진다는 점이다. 직전의 문장을 읽고는 이미 그 사실을 깨달은 독자도 있겠지만 확실히 하기 위해 좀 더 찬찬히 설명해보겠다.

앙상블 평균을 구성하는 두 상태는 서로를 배제한다. 상호 배타적이라고 이야기해도 된다. 달리 말해 두 상태를 동시에 가질 방법이 없다. 하나를 가지면 다른 하나는 반드시 가지지 못한다. 내기에 이기거나 혹은 지거나의 가능성만 있을 뿐 반만 이기고 반은 진다는 게 성립하지 않는다. 즉 반은 이기고 반은 진다는 생각 하에 계산된 앙상블 평균은 현실과는 무관한 가상의 숫자다.

반면 시간 평균을 구성하는 두 상태는 상호 배타적이지 않다. 첫 번째 내기에 이긴다고 해서 두 번째 내기에 지는 일이 불가능하지 않다. 거꾸로 첫 번째 내기에 졌다고 해서 두 번째 내기에 이길 수 없는 게 아니다. 두 상태는 서로를 배제하지 않으며 차곡차곡 누적된다.

앙상블 평균을 구하는 과정을 다음처럼 비유할 수도 있다. 요즘 물리에서 자주 이야기되는 주제 중에 평행우주가 있다. 양자 중첩과 양자 결어긋남으로 생성되는 평행우주는 우리가 살고 있는 현실 세계와 동등하며 파동함수의 모든 상태는 각각의 평행우주에서 실현된다. 매사추세츠기술원의 맥스 테그마크 등이 평행우주를 주장하는 사람으로 유명하다. 평행우주론은 하나의 가설일 뿐 증명된 법칙은 아니다.

즉 앙상블 평균은 내가 평행우주에 가서 얻은 결과를 다시 현실 세계로 가져오는 일과 같다. 마치 털을 뽑아 만든 여러 손오공에게 동시에 벌어진 일을 진짜 손오공이 다 가진다고 상상해도 좋다. 혹은 평행우주에 존재하는 또 다른 나에게 벌어지는 일이 현실의 나에게 직접 실시간으로 영향을 준다고 생각해도 좋다. 어느 쪽을 상상하든 현실에서는 있을 수 없는 일이다.

정리하자면 이렇다. 앙상블 평균은 평행우주를 들락날락거릴 재주가 없다면 내 것이 될 수 없는 공상의 산물이다. 그에 반해 시간 평균은 되돌릴 수 없는 시간이 흘러가는 현실 속에서 우리가 겪는 진짜 실물이다. 둘 중에 뭐가 더 중요할지는 여러분이 어느 세계에 사는지에 달렸다.

앞에서 어떤 대상이 에르고드한지를 판별하는 방법을 이야기했었다. 그 방법은 전체를 구성하는 개별 존재의 성질을 보는 미시적인 방법이었다. 에르고드 판별법에는 거시적인 방법도 있다. 질문 하나를 던져 보면 된다. 그 질문은 바로 "역사가 중요한가?"다.

에르고드한 대상은 역사가 문제되지 않는다. 상징적인 의미에서 기체 분자에게 역사는 전혀 중요하지 않다. 기체 분자는 아무 생각이 없고 그저 주변의 분자와 충돌할 뿐이다. 반대로 역사가 중요하다면 에르고드할 수 없다. 어떤 사건의 결과가 다른 사건에 영향을 끼치고 그 결과가 시간의 흐름에 따라 누적되어 가기 때문이다. 경제는 어떨까? 경제에서 역사는 중요하다. 왜 그런지 돈내기를 가지고 설명하겠다.

1억 원으로 시작한 여러분이 첫 번째 돈내기에서 졌다면 여러분의 돈은 5천만 원으로 줄어들었다. 다음 번 돈내기에서 이길지라도 여러분의 돈은 8천만 원에 그친다. 반면 여러분이 첫 번째 돈내기에서 이겼다면 여러분의 돈이 1.6억 원으로 늘어나고 다음 번 돈내기에서 또 이기면 2.56억 원으로 더 불어난다.

두 번째 돈내기에서 이겼다는 사실은 전자와 후자가 같다. 그러나 돈으로 표현되는 결과는 다르다. 왜냐하면 첫 번째 돈내기의 결과에 따라 두 번째 돈내기에 걸 수 있는 돈이 달라지기 때문이다. 그게 바로 역사다. 그래서 경제는 에르고드하지 않다.

돈이 불어나는 과정과 경제는 덧셈일까 곱셈일까_____

그동안 이야기를 전개하면서 드러내 설명하지 않았던 사항이 한 가지 있었다. 돈이 불어나는 과정에 대한 설명이었다. 이제 그걸

에르고드 이코노미

좀 더 드러내 설명할 때가 되었다.

돈이 불어나는 과정은 크게 보아 다음 둘 중 하나에 속하기 마련이다. 하나는 덧셈 과정이고 다른 하나는 곱셈 과정이다. 말이 낯설게 들릴 수도 있지만 겁먹을 필요는 없다. 여러분이 알고 있는 덧셈과 곱셈에서 유래된 내용이기 때문이다.

덧셈 과정은 기존의 돈에 더해 늘어나거나 줄어드는 돈이 언제나 일정한 금액일 때다. 예를 들어, 앞의 돈내기를 할 때 매번 같은 금액을 걸 때에 해당한다. 가진 돈이 많든 적든 같은 금액을 건다는 게 중요하다. 가령 최대 당첨금이 정해져 있는 로또를 매주 일정하게 천 원씩 산다면 덧셈 과정으로 돈이 불어나거나 혹은 줄어들게 된다.

곱셈 과정은 늘어나거나 줄어드는 돈이 일정한 금액이 아니라 기존 돈의 일정 비율에 해당할 때다. 곱셈 과정을 따른다는 말은 돈이 많은 사람은 큰 돈을 걸고 돈이 많지 않은 사람은 푼돈을 건다는 뜻이다. 가령 전 재산의 20퍼센트를 돈내기에 건다고 하면 1억 원을 가진 사람은 2천만 원을, 100억 원을 가진 사람은 20억 원을 거는 셈이다. 곱셈 과정은 돈내기에 거는 돈이 재산의 규모에 따라 커지고 작아지는 특징이 있다.

돈이 늘어나는 과정이 덧셈 과정이라면 무슨 일이 벌어질까? 예를 들어, 매번 만 원의 돈을 걸고 앞의 돈내기를 하면 6천 원을 따거나 5천 원을 잃는 두 가지 결과가 번번이 발생한다. 돈을 따고 잃는 확률은 50퍼센트로 같고 매 번의 돈내기는 서로 독립적이므로 계속하다 보면 전체 돈내기 횟수의 대략 반 정도 돈을 따기 마련이다. 결과적으로 돈내기 한 번당 평균적으로 5백 원의 돈이 생긴다.

즉 덧셈 과정으로 돈이 늘고 줄면 이익의 시간 평균은 이익의 앙상블 평균과 다르지 않다. 경제가 에르고드하다는 경제학의 묵시적 가정이 유효해지는 셈이다. 이는 경제학에 희소식일 수 있다.

실제의 돈 불리기는 어떨까? 조금만 생각해보면 덧셈 과정보다는 곱셈 과정에 가깝다는 것을 깨달을 수 있다. 덧셈 과정으로 생각할 수 있는 경우도 있기는 하지만 중요성이 떨어진다.

주식 투자를 예로 들어보자. 주식을 거래하면서 덧셈 과정을 만들려면 추가로 해야 할 일이 생긴다. 예를 들어, 1천만 원으로 주식을 샀는데 주가가 두 배로 오르면 내 주식의 평가액은 이제 2천만 원이다. 이걸 그대로 두면 게임에 거는 돈이 1천만 원이 아닌 2천만 원이 되는 셈이다. 그러므로 덧셈 과정이 되기 위해서는 주식의 반을 팔아 생긴 1천만 원은 따로 예금에 넣어 두고 남은 주식의 평가액이 다시 1천만 원이 되도록 해야 한다. 이러한 방법을 좋은 돈 관리법으로 여기는 사람도 없지는 않지만 실제로 이렇게 하는 사람은 드물다.

주가가 올랐을 때보다 더 곤란한 상황은 주가가 내렸을 때다. 1천만 원 들여 산 주식이 반토막 났을 때 덧셈 과정을 유지하려면 5백만 원을 들여 다시 주식의 평가액을 1천만 원으로 맞춰야 한다. 결과적으로 주식 시장에서 쓰는 은어인 '물타기'를 하는 셈인데 현명한 방법이라고 이야기하기 어렵다. 대개는 손실을 확정 짓기가 싫어 더 이상 손대지 않고 일명 '장기 보유'에 돌입한다.

앞에서 주식을 예로 먼저 들었지만 개인의 돈 불리기에서 더 큰 비중을 차지하는 대상은 부동산, 즉 주택이다. 소유한 집의 가격이 오르고 내리면 향후에 내가 이 집을 팔고 다른 집으로 갈아탈 돈이 따라 커지고 줄어든다. 보통의 돈 불리기를 곱셈 과정으로 보는 편이 타당하다는 의미다.

개인의 돈 불리기가 아닌 일반적인 경제라면 다른 이야기를 할 수 있을까? 경제를 일종의 균형 상태로 이해하려 드는 주류 경제학자라면 그럴지도 모른다. 외생적인 교란이나 충격이 있을 수는 있지만 경제는 이내 이른바 정상 상태로 돌아온다고 생각하기 때문이다. 수요와 공급의 상호 작용으로 안정한 시장 가격을 찾아가는 과정이 그들에게는 덧셈 과정처럼 보일 수 있다.

옥스퍼드대학의 에릭 바인하커가 쓴 『부의 기원』에는 경제학자들이 균형이라는 개념을 어디서 가져 왔는지가 잘 요약되어 있다.

바로 19세기에 만들어진 열역학에서 가져왔다. 열역학은 에르고드한 균형 상태의 기체를 대상으로 하며 그렇기에 시간이 중요하지 않다.

그러나 실제의 경제는 사뭇 다르다. 시간이 지남에 따라 오래된 산업이 쇠락하고 새로운 분야가 떠오른다. 기업 차원의 성공과 실패는 산업보다도 더 역동적이다. 말하자면 오스트리아의 재무장관이었던 조지프 슘페터가 이름 붙인 '창조적 파괴'의 끊임없는 과정이다. 무에 가까운 수준에서 시작되어 커다란 회사나 산업으로 성장하는 그 과정은 곱셈 과정이 아닐 수 없다.

경제학의 에르고드 가정을 찾아낸 사람은 누구였을까____

경제학에 숨어 있는 에르고드 가정과 그로부터 비롯되는 황당한 결과에 대해 경제학자들은 어떠한 반응을 보일까? 진정한 과학자라면 이론과 실제의 불일치를 해소하려고 애를 쓸 터다. 기존 이론을 가지고 근본적으로 해결할 방법이 없다면 완전히 새로운 이론을 만드는 일도 마다하지 않는다. 그게 니콜라우스 코페르니쿠스와 갈릴레오 갈릴레이가 했던 일이었다. 그 둘을 제외한 모든 사람이 태양이 지구 주위를 돈다는 이론에 붙들려 있을 때 그들은 그걸 거꾸로 뒤집어 지구가 태양 주위를 돈다는 생각을 폈다.

반면 경제학자들은 대체로 얼굴을 한 번 찡그리고는 무시하는 쪽을 택한다. 일단 학교 다닐 때 들어본 적이 없는 내용이기에 그렇다. 그게 중요한 내용이었다면 그들의 선생들이 가르치지 않았을 리가 없다고 생각하는 거다. 배운 적이 없다는 사실은 그들에게 곧 배울 게 없다는 증거가 된다.

모든 경제학자가 위와 같지는 않다. 그중 일부는 에르고드 가정의 결과에 대해 곰곰이 따져본다. 이어지는 반응은 제각각이다. 에르고드 가정의 황당한 결과를 설명할 지식은 없지만 아무튼 경제학에는 아무런 문제가 없다는 사람이 가장 흔하다. 그들이 제한적으로 합리적이라서다.

다른 반응을 보이는 사람도 있다. 에르고드 가정의 사소한 부분을 물고 늘어지는 경우다. 혹은 아직 충분히 검증이 되지 않았다고 치부해 버리기도 한다. 근로 환경의 폐해를 미국 대중에게 알리려는 미국 직업안전보건청의 진지한 노력을 더 많은 연구조사가 필요하다는 요구로써 뭉개버리는 기업들의 진술을 빠나 한 결과다. 위 어느 쪽이든 간에 태양이 지구 주위를 돈다는 교리를 붙들고 있던 가짜 과학자들의 모습과 다르지 않다.

그렇다면 경제학의 에르고드 가정이 근본적인 오류라는 사실을 찾아낸 사람은 누구였을까? 여러분은 앞에서 나온 이야기로 미루어보아 경제학자는 아니라고 짐작할 것 같다. 실제로도 그렇다. 그 주인공은 런던수학연구소의 오울 피터스다.

피터스가 경제학에 관심을 가지게 된 계기는 언제나 그렇듯 우연의 힘 덕분이었다. 기본적으로 그는 응집물질물리학^{condensed} $^{matter physics}$을 주제로 영국 임페리얼컬리지에서 박사학위를 받은 물리학자였다. 피터스는 미국 산타페연구소에서 일한 인연으로 경제학에서 벌어지는 일에 눈을 떴다. 복합성^{complexity} 연구의 성지로 손꼽히는 산타페연구소는 여러 분야를 넘나들고 융합하는 다학제 간 연구로 독보적인 곳이다.

물리학 박사로서 피터스가 에르고드 개념에 정통한 것은 어찌 보면 당연했다. 그보다는 경제학의 에르고드 가정을 집어낸 물리학자가 피터스 이전에 한 명도 없었다는 사실이 더 중요하다. 실제로 일명 월가의 로켓과학자들*은 대개 물리학 박사로서 에르고드 개념을 모르지 않았다. 하지만 그들은 피터스처럼 경제학의 에르고드 가정을 논한 적이 없었다. 경제와 에르고드 사이의 관계를 투명하게 밝히는 일이 경제학이 나아가야 할 방향이라는 인식은 온전히 피터스로부터 생겨났다.

일례로, 탈레브는 기댓값 최대화의 부조리는 자기가 먼저 깨달 았지만 그걸 에르고드라는 물리 개념으로 설명하고 확장한 공은 피터스에게 있다고 『스킨 인 더 게임』에서 흔쾌히 인정했다. 탈

---

* 로켓과학자란 경제학이나 금융 분야에서 일하는 물리학자들의 별칭이다.

레브는 예화 하나도 추가했는데, '평균 수심이 1.2미터인 강을 안전하다고 여기고 건너다가는 몰살될 수 있다'는 자신의 사례는 피터스가 1969년 노벨 물리학상 수상자인 머리 겔만과 함께 쓴 2016년 논문을 읽으며 얻게 되었다고 했다. 강물 깊이의 평균은 1.2미터일지 몰라도 제일 깊은 곳의 수심이 가령 5미터면 모두 물에 빠지기 때문이다.

피터스가 유연한 생각을 할 수 있었던 데에는 또 다른 이유가 있었다. 그가 공부한 분야가 물리의 여러 분야 중에서도 마침 응집물질물리학이었다는 점이다. 응집물질물리학은 기본적으로 환원주의를 배제하는 분야다. 환원주의란 현상을 작은 기본 요소 사이의 상호작용으로 설명하려는 방식을 가리킨다.

예를 들어 설명해보자. 물리학 중에서 입자물리학^{particle physics}은 환원주의를 따르는 대표적인 분야다. "우리 우주를 구성하는 기본 입자의 특성과 상호작용을 이해"하려는 입자물리학은 기본 입자를 알아야 그 기본 입자로 구성된 원자, 분자, 물질을 차례로 이해할 수 있다고 생각한다. 기본 입자를 관찰하려면 아주 높은 에너지 상태를 만들어야 하기에 입자물리학은 고에너지물리학이라고도 불린다. 이처럼 작은 구성 요소를 알면 그 구성 요소들로 만들어진 전체는 저절로 알 수 있다는 생각이 바로 환원주의다. 환원주의는 현대 과학의 전반에 넓게 깔려 있다.

응집물질물리학은 환원주의와 거리가 멀다. 요소의 수가 늘어날수록 전체 시스템의 자유도가 지수적으로 증가하기에 그렇다. 이른바 복합계의 창발^{emergence}이나 나비효과가 결코 환원론적인 법칙이나 이론으로 설명될 수 없는 이유다. 창발은 기본 요소의 특성만으로 상상할 수 없는 현상이 전체에 나타나는 일이고 나비효과는 기본 요소의 작은 변화가 예상치 못한 큰 변화를 전체에 가져오는 일이다. 한마디로 전체는 부분의 합보다 크다는 얘기다.

조금 전에 나온 환원주의의 세계관이 여러분은 낯설지 않다. 호모 에코노미쿠스라는 기본 요소를 가정하고 그들의 상호작용으로 경제 현상을 설명하려는 기존 경제학의 관점이 어김없는 환원주의다. 경제학이 경제계를 응집물질보다는 입자에 가까운 것으로 본다는 의미다. 입자물리 같은 경제학은 무인도에 사는 로빈슨 크루소나 마약에 취해 붕 떠 있는 졸부를 다루기는 좋아도 수십억 명의 사람이 뭉쳐 사는 지구에는 적합하지 않다.

다니엘 베르눌리가 저지른 실수는 무엇이었나_____

피터스는 경제학의 에르고드 가정을 지적하는 데 그치지 않고 어떻게 경제학이 에르고드 가정을 하게 되었을까도 추적했다. 그 출발점은 바로 상트페테르부르크 역설을 다룬 다니엘 베르눌리의 논문이었다. 기억을 되살리자면, 다니엘은 니콜라우스 베르눌리의 사촌 동생으로서 사촌 형인 니콜라우스의 문제를 자기만의 방식으로 재해석한 사람이었다. 니콜라우스의 방식은 이후 경제학의 효용함수가 되었다.

다니엘의 원래 논문은 라틴어로 작성되었다. 17세기 유럽의 표준 학술언어가 라틴어였음을 생각하면 이상한 일은 아니다. 이게 영어로 정식 번역된 때는 1954년이다. 그 해에 미국경제학회가 발간하는 『아메리칸이코노믹리뷰』와 함께 경제학 분야의 가장 권위 있는 학술지로 꼽히는 『이코노메트리카』가 다니엘의 1738년 논문을 영어로 소개하기로 결정했다. 『이코노메트리카』의 편집인은 "베르눌리의 유명한 논문이 최근의 경제학 논의에서 자주 언급되기에 보다 널리 도움이 되도록 영어 번역본을 게재하기로 했다"고 설명했다. 번역은 스위스 제네바대학에서 경제학을 가르쳤던 루이제 좀머가 맡았다.

다니엘은 논문에서 노름의 가격을 어떻게 정할지를 상세히 설명했다. 먼저 노름으로 받게 될 돈을 감안한 효용의 기댓값을 구하고 그로부터 현재 돈의 효용을 뺀다. 이게 노름으로 얻게 될 효용의 증가분이다. 다음으로 현재 돈의 효용과 노름을 하기 위해 걸어야 하는 돈을 빼고 남은 돈의 효용의 차를 계산한다. 이는 노름을 하면 치러야 할 비용 때문에 발생할 효용의 감소분이다.

다니엘의 효용

= 노름에 이길 때 증가되는 효용 − 노름에 돈을 거느라 감소되는 효용

= (노름에 이겨서 받을 돈에 원래 돈을 합했을 때의 효용의 기댓값 − 원래

돈의 효용) − (원래 돈의 효용 − 노름에 거느라 원래보다 줄어든 채로 남아

있는 돈의 효용)

다니엘 베르눌리는 전자와 후자를 비교하여 전자가 크면 노름을 하지 않을 이유가 없다고 봤다. 따라서 노름에 거는 적정한 돈은 전자와 후자를 같게 만드는 값이다. 쉽게 말해 노름에 이겨서 늘어날 효용의 기댓값 증가가 노름에 거느라 가진 돈이 줄어들어 생기는 효용의 감소와 같아지는 지점에서 노름의 가격이 결정된다. 한마디로 효용의 증가가 효용의 감소보다 크면 노름을 하라는 의미였다.

그런데 여기에 함정이 있다. 함정이라기보다는 사실 심각한 오류다. 다니엘이 제시한 방법이 경제학이 이야기하는 기대효용 최대화와 같지 않다는 사실이다. 경제학은 다니엘의 논문을 기대효용 최대화의 원조로 친다. 앞뒤가 맞지 않는 일이 벌어지고 있다는 뜻이다.

다니엘의 방법과 기대효용 최대화가 같지 않다는 사실을 어떻게 확인할 수 있을까? 논문을 직접 읽는 게 한 가지 방법이지만 별로 권하고 싶지는 않다. 권한다고 하더라도 실제로 읽을 사람은

많지 않을 것 같다. 그보다는 숫자를 갖고 보여주는 편이 모두에게 편하다. 간단한 돈내기부터 복잡한 도박까지 다 해봤지만 결론은 똑같다. 여기서는 가장 단순한 예를 들겠다.

여러분은 현재 1억 원의 돈을 가지고 있다. 그게 당신의 전 재산이다. 다니엘이 제안한 효용은 경제학의 효용과 같다. 효용은 당신이 가진 돈에 자연로그를 취한 값이다. 계산상의 편의를 위해 돈의 기본 단위가 1억 원이라고 가정하겠다. 즉 이제 1억 원의 돈은 효용을 계산할 때 1이라는 숫자와 같고 1천만 원은 0.1이라는 숫자와 같다. 진수가 1인 자연로그는 함수값이 0이다.* 그러므로 당신의 현재 효용은 0이다. 미리 말해두지만 원래의 1억이라는 숫자를 가지고 계산해도 아래의 결론은 똑같다.

따져 볼 돈내기는 단순하다. 거는 돈은 700만 원이다. 돈내기를 하면 10퍼센트의 확률로 1억 원을 받는다. 나머지 90퍼센트의 확률은 꽝이다. 즉 이때는 건 돈만 날리고 받는 돈은 없다.

먼저 돈의 기댓값을 계산해보겠다. 기댓값은 경제학이 기업에 추천하는 지표다. 받는 돈의 기댓값은 1억 원 곱하기 10퍼센트인 1천만 원이다. 나가는 돈인 건 돈은 700만 원이니 돈의 기댓값은 플러스 300만 원이다. 700만 원을 들여 돈내기를 하면 평균적으

---

* ln(1) = 0이다.

로 매번 300만 원의 돈이 불어나기를 기대할 수 있다는 뜻이다. 이러한 돈내기를 찾아낸 직원에게 기업은 승진과 보너스를 안겨 줄 터다.

$$돈의\ 기댓값 = \frac{1}{10} \times 1억\ 원 + \frac{9}{10} \times 0원 - 700만\ 원 = 300만\ 원$$

이제 다니엘의 방법을 사용해보겠다. 돈내기에 이기면 원래 있던 1억 원에 받을 돈 1억 원을 더해 2억 원이 된다. 이걸 로그 효용으로 바꾸면 약 0.6932가 되고 여기에 확률 10퍼센트를 곱하면 효용의 기댓값은 0.0693이다. 꽝이 나오면 새로 생기는 돈이 없으므로 효용이 변하지 않으며 따라서 기댓값에 영향을 주지 않는다. 즉 돈내기로 늘어날 효용의 증가분은 0.0693이다.

이어 노름에 거느라 가진 돈이 줄어들어 생기는 효용의 감소를 구할 차례다. 거는 돈이 700만 원이므로 가진 돈은 9,300만 원으로 줄어든다. 여기에 로그함수를 적용하면 약 마이너스 0.0726이 나온다. 그러므로 돈내기로 감소할 효용은 0 빼기 마이너스 0.0726이라 결국 0.0726이다.

$$\text{다니엘의 효용} = \left[\left(\frac{1}{10} \times \ln(2) + \frac{9}{10} \times \ln(1) \right) - \ln(1) \right] - \left[\ln(1) - \ln(0.93) \right]$$

$$= 0.0693 - 0.0726 = -0.0033$$

돈내기를 해서 얻게 될 효용의 기댓값을 건 돈 때문에 사라질 효용과 비교해보면 전자보다 후자의 절대값이 크다. 생기는 효용보다 깎이는 효용이 더 크다는 의미다. 숫자로는 -0.0033이다. 그러므로 다니엘의 방법을 따르면 이 돈내기를 하면 안 된다.

'그래서 어쩌란 말이냐?'하고 생각할 독자가 있을 듯하다. 돈의 기댓값 최대화를 그대로 따랐다가는 패가망신하는 사례는 1장에서 이미 본 바다. 조금 전 돈내기는 돈의 기댓값 최대화 관점으로는 놓칠 수 없는 기회지만 경제학이 원조로 떠받드는 다니엘은 거들떠 보지도 말라고 말하고 있다. 혼란스러울 따름이다.

이게 끝이 아니다. 앞에서 다니엘의 방법이 경제학의 기대효용 최대화와 같지 않다고 이미 말했다. 눈치가 빠른 독자라면 이미 조금 전의 계산에서 부자연스러움을 느꼈을 수도 있다. 말이 되는 것 같으면서도 뭔가 뒤엉킨 것 같은 감이 오기만 해도 여러분은 충분히 올바른 방향으로 가고 있는 중이다.

그러면 이번에는 경제학의 기대효용 최대화로 앞의 돈내기를 검토해보겠다. 1장에 나왔던 6단계의 과정을 그대로 적용하는 거다. 1단계의 선택지와 2단계의 발생 가능한 결과들은 너무 뻔해서 딱히 설명할 게 없다. 즉 돈내기를 하든가 말든가의 두 가지 선택지가 있고, 돈내기를 하면 따든가 잃든가의 두 가지 결과, 돈내기를 하지 않으면 현재에 아무런 변화가 없는 한 가지 결과만 있다.

그 다음인 3단계가 핵심적이다. '각각의 결과가 내 돈에 어떤 영향을 줄지를 추정하고 각각의 확률도 추산'하는 단계다. 돈내기를 하지 않는 선택지는 말 그대로 현상유지다. 돈은 현재와 같은 1억 원으로 남아 있다.

돈내기를 하면 여러분의 돈에 무슨 일이 벌어지는지를 확인하겠다. 먼저 1억 원에서 700만 원이 줄어든다. 거는 돈을 먼저 내지 않고 돈내기에 낄 방법은 없어서다. 그리고 돈내기에 이기면 1억 원을 받는다. 그러므로 이때의 최종 결과는 1억9,300만 원이다. 이러한 결과의 확률은 10퍼센트다.

또 다른 결과는 꽝이 나온 때다. 여러분의 돈은 9,300만 원으로 줄어든다. 이러한 결과의 확률은 앞에 나왔듯이 90퍼센트다.

4단계는 '내 돈의 증감이 내 효용에 어떤 영향을 줄지를 구체적으로 명시'하는 단계다. 우리는 로그 효용을 가정했으므로 각각의 돈에 로그함수를 적용하면 된다. 이어 5단계는 '각 선택지에 해당하는 효용의 기댓값을 구할' 차례다. 돈내기를 했을 때 발생할 수 있는 두 결과의 효용은 각각 1.93억 원과 0.93억 원에 자연로그를

에르고드 이코노미

적용한 값이다. 여기에 각각의 확률인 10퍼센트와 90퍼센트를 곱해 더하면 효용의 기댓값을 얻게 된다.

그 값은 과연 얼마일까? 0.0004가 그 답이다. 돈내기를 하지 않는 선택지의 효용은 0이다. 그러므로 돈내기를 하면 효용은 기댓값 수준에서 0.0004만큼 증가한다.

$$경제학의 효용 = \frac{1}{10} \times \ln(1.93) + \frac{9}{10} \times \ln(0.93)$$
$$= 0.0658 - 0.0653 \approx 0.0004$$

이 값은 앞에서 다니엘의 방법으로 구했던 -0.0033과 전혀 같지 않다. 단지 값에 차이가 있다는 게 문제의 전부가 아니다. 경제학의 기대효용 최대화를 따른다면 돈내기를 해야만 한다. 기대효용이 돈내기를 하지 않을 때보다 커지기 때문이다. 이러한 결론은 다니엘의 방법과 정반대의 판단이다. 다니엘의 방법을 따르면 돈내기를 했을 때 효용이 줄어들기에 돈내기를 하지 말아야 한다.

정리하면 이렇다. 다니엘의 방법은 건 돈을 무시하고 받은 돈의 기대효용에서 건 돈 때문에 줄어든 돈의 기대효용을 빼서 효용의 변화량을 구한다. 반면 경제학은 건 돈을 계산에 포함시킨 상태에서 전체 돈의 기대효용을 구한 후 거기서 원래 있던 돈의 기대효용을 빼서 효용의 변화량을 구한다.

말하자면 돈내기의 결과와 거는 돈을 따지기는 양쪽 모두 마찬가지지만 따지는 방식에 차이가 있다. 수학적으로 증명할 수 있는 사실로서 효용을 자연로그로 계산하기에 다니엘의 방법과 경제학의 방법은 반드시 서로 다른 값으로 귀결된다. 물론 값은 다를지언정 돈내기를 할지 말지에 대한 결론이 같을 때도 있기는 하다. 하지만 다를 때도 있다는 사실을 이미 여러분은 앞에서 봤다. 한마디로 이럴 수도 없고 저럴 수도 없는 혼란한 상황이다.

사실 다니엘의 방법은 아예 잘못된 방법이다. 다음의 예로써 그 이유를 보일 수 있다. 1억 원의 돈을 가진 사람이 9천만 원을 걸면 100퍼센트의 확실성으로 1억 원을 받는 돈내기를 한다고 가정하겠다. 거는 돈을 무시하고 늘어난 돈의 기대효용은 2억원의 자연로그이므로 0.6931이다. 거는 돈 때문에 줄어든 돈의 기대효용은 1천만 원의 자연로그이므로 -2.3026이다. 둘을 합치면 -1.6094가 계산되어 돈내기를 하면 안 된다는 결론이 나온다. 실제로는 100퍼센트의 확실성으로 돈이 1천만 원 늘어난다. 즉 다니엘의 방법은 완벽히 눈먼 돈도 받지 말라고 한다.

라플라스의 신사다운 수정을
카를 멩거가 완전히 오해하다____

1814년은 굵직한 사건이 제법 있는 해였다. 1812년 나폴레옹이 러시아 원정에 실패한 이래로 수세로 몰린 프랑스는 수도 파리가 함락되었다. 프랑스 황제에서 물러난 나폴레옹은 엘바 섬으로 유배되었다. 또 1814년은 2년 전에 먼저 전쟁을 일으킨 미국이 수도인 워싱턴 DC를 영국군에게 유린당하는 수모를 겪은 해이기도 했다. 이후 미국 연방의회의 의사당은 2021년 도널드 트럼프의 지지자에게 점거될 때까지 외부 세력에게 빼앗긴 적이 없었다.

경제학도 1814년과 관련이 있다. 경제학이 두루 사용하는 확률론을 집대성한 책이 이 해에 나왔기 때문이다. 돈이든 효용이든 기댓값을 구할 때 확률은 핵심적인 도구다. 산만하게 흩어져 있는 지식이었던 확률을 이 책이 체계적으로 정리하면서 확률의 사용이 보다 널리 퍼지게 되었다.

그 책을 쓴 사람은 피에르-시몽 라플라스였다. 다방면에 굵직한 업적을 남긴 라플라스는 1814년에 『확률에 대한 철학적 시론』라는 책을 냈다. 이 책은 '라플라스의 악마'라고 불리는 개념이 나오는 걸로도 유명하다. 라플라스의 악마는 우주에 있는 모든 원자의 위치와 운동량을 아는 신적 존재가 있다면 미래를 완벽히 예측할 수 있다는 개념이다.

라플라스가 확률론의 교과서와도 같은 책을 쓰면서 빠트릴 수 없는 주제가 있었다. 바로 니콜라우스와 다니엘 베르눌리의 상트 페테르부르크 역설이었다. 라플라스가 니콜라우스와 다니엘의 논문을 빠짐없이 봤음은 물론이었다. 뛰어난 수학자였던 라플라스는 군더더기 없이 다니엘의 방법을 소개했다. 그리고 그건 또 다른 혼돈의 씨앗이 되었다.

라플라스는 책에서 다니엘의 기대효용을 이야기하면서 다니엘과 다른 방식으로 효용의 증감을 계산했다. 그 방식은 오늘날 경제학의 기대효용 최대화와 같은 방법이었다. 그러니까 라플라스는 다니엘의 이름과 경제학의 기대효용 최대화를 하나로 만든 장본인이었다.

왜 그랬을까? 라플라스가 헷갈려서 그랬을 가능성은 별로 없었다. 라플라스는 다니엘의 원래 방법이 어이없는 결론을 낳는다는 걸 깨닫고도 남을 사람이었다. 그걸 자기 책에서 그대로 반복한다는 건 있을 수 없는 일이었다. 그렇다고 다니엘의 오류를 노골적으로 지적하자니 왠지 모르게 마음이 불편했을 수 있다. 나폴레옹이 프랑스 육군사관학교를 졸업할 때 교관이었던 인연으로 나중에 황제 나폴레옹으로부터 백작에 봉해진 라플라스는 나폴레옹의 몰락이 가까울 즈음에 다시 부르봉 왕조를 지지해 후작이 될 만큼 정치에 무감각하지 않은 사람이었다. 좋게 말해 라플라스는 다니엘에게 신사다운 대우를 한 셈이었다.

라플라스의 책은 다니엘의 원래 논문보다 훨씬 더 널리 퍼졌다. 라틴어로 쓰인 18세기 초 논문보다 프랑스어로 쓴 19세기 초 교과서를 읽을 사람이 많은 것은 당연했다.

1865년 영국 케임브리지대학의 아이작 토드헌터는 라플라스의 책을 짜깁기한 『파스칼에서 라플라스의 시기까지 확률의 수학적 이론의 역사』라는 책을 영어로 냈다. 자연스럽게 토드헌터의 책은 영어권의 확률론 교과서가 되었다. 일례로, 스탠퍼드대학의 경제학자 케네스 애로는 학생 때 토드헌터의 책을 읽었다. 라플라스나 토드헌터의 책만 읽은 사람들은 다니엘이 기대효용 최대화를 만들었다고 생각할 수 밖에 없었다. 결과적으로는 경제학이 잘못된 길을 걷게 만드는 신화의 출현에 기여한 꼴이 되고 말았다.

라플라스의 책만 사람들이 읽었다면 그나마 혼란이 덜했을 터였다. 돈 자체가 아니라 돈의 로그값을 최대화한다는 라플라스의 설명은 얼마든지 다르게 이해될 여지가 있었다. 자세한 내용은 뒤의 4장에서 다시 다루겠지만, 간단히 말해 시간이 감에 따라 누적되는 노름의 결과는 돈의 로그값으로 깔끔하게 표현된다는 사실이었다. 한마디로 요약하자면 돈의 앙상블 평균과 돈의 시간 평균이 일반적으로 같지 않다는 수학적 사실을 일정 수준 이상의 수학자라면 쉽게 깨달을 수 있었다.

예를 들어, 케임브리지대학의 윌리엄 앨런 휘트워스는 1870년 『선택과 기회』라는 수학책을 썼다. 휘트워스는 '도박의 불리한 점에 관해'라는 제목의 부록에서 기하 평균*이 산술 평균**보다 반드시 작거나 같다는 사실을 언급하며 도박에도 그러한 성질이 있다고 썼다. 기하 평균이 산술 평균보다 작거나 같다는 사실은 기원전 3세기의 유클리드가 쓴 『기하학 원론』에도 나오는 유명한 정리였다.

휘트워스의 책은 당대 경제학자들의 관심을 끌었다. 일례로, 빈대학의 카를 맹거와 로잔대학의 레옹 발라와 마찬가지로 한계효용설을 주장했던 오언스대학의 윌리엄 스탠리 제번스는 휘트워스의 책에 호의적인 서평을 쓰기도 했다. 영국 성공회의 성직자기도 했던 휘트워스는 1895년 '돈내기의 법칙'이라는 제목의 설교를 통해 1) 자신의 사적인 정보에 돈을 거는 것은 부도덕하며, 2) 자신의 기술에 돈을 거는 것은 정당화될 수 있고, 3) 자신의 운에 돈을 거는 것은 어리석다고 지적했다.

위태위태하게 외줄을 타듯 옳은 생각과 옳지 않은 생각 사이를 넘나들던 경제학의 운명은 카를 맹거에 의해 완전히 선로를 이탈하고 말았다. 여기서의 맹거는 앞에 나온 맹거의 아들로서 미국

---

* 두 수 a와 b가 있을 때, 기하 평균은 $\sqrt{a \times b}$ 로 정의된다.
** 두 수 a와 b가 있을 때, 산술 평균은 $(a + b)/2$로 정의된다.

에르고드 이코노미

일리노이기술원의 수학교수였다. 아버지의 이름은 알파벳 C로 시작하는 반면 아들 이름의 첫 글자는 K라는 차이도 있었다.

아들 멩거는 1923년 자신의 박사학위 논문에서 상트페테르부르크의 역설을 다룬 뒤 이를 1927년에 발표했다. 논문이 정식으로 독일어 학술지에 실린 때는 1934년이었다. 원래 빈대학에 있었던 멩거는 나치 독일이 오스트리아를 합병할 기미를 보이자 1937년 미국 노터데임대학으로 옮겼다. 멩거가 계속 빈대학에 남아 있었다면 그의 논문과 생각이 특별히 미국에 알려질 이유가 없었다. 다니엘의 라틴어 논문을 1954년에 영어로 옮긴 루이제 좀머는 번역에 관해 아들 멩거에게 감사의 글을 남겼다.

수학을 공부한 멩거는 라플라스의 책뿐만 아니라 다니엘의 라틴어 논문도 읽었다. 그리고는 모든 걸 뒤죽박죽으로 만들어버렸다. 멩거는 돈의 지수적 성장 과정을 유도한 라플라스의 통찰은 놓친 채로 가진 돈이 많을수록 체감하는 돈의 가치가 줄어든다는 다니엘의 설명에만 집착했다.

이로부터 멩거는 효용은 무한할 수 없고 오직 유한한 효용함수만 허용된다는 잘못된 결론을 내렸다. 돈에 로그함수를 적용하는 진짜 이유를 모르고 표피적인 해석에 갇히고 말았다는 뜻이다. 돈에 관한 개인의 심리적 요소에 의존해 이론을 전개하는 경제학의 한계는 바로 멩거의 책임이었다.

맹거를 위해 변명을 해주자면 다니엘의 옳지 않은 방법은 특수한 경우에 라플라스의 방법과 똑같은 결과를 낳는다. 한 가지는 노름의 거는 돈이 0인 경우다. 이는 상아탑에는 있을지 몰라도 현실에서는 있을 수 없는 노름이다.

다른 한 가지 경우는 효용이 선형함수라고 가정할 때, 즉 효용이 돈에 정비례한다고 가정할 때다. 쉽게 말해 돈 자체의 기댓값을 최대화하는 경우다. 이는 바로 경제학의 숨어 있는 에르고드 가정이다. 경제학이 기업에 추천하는 의사결정 방법이기도 하다. 이걸 따르면 장기적으로 거의 반드시 망한다.

맹거의 유산과 영향력은 분명하다. 매사추세츠기술원의 경제학자 폴 새뮤얼슨은 "맹거의 1934년 논문은 모든 비판 위에 서 있는 현대의 고전"이라고 칭송했다. 그는 스웨덴중앙은행상을 미국인 중에서 최초로 받은 사람이다. 거시경제학의 궁극의 모형인 일반균형이론을 수립한 케네스 애로는 "보다 깊은 이해는 오직 카를 맹거의 1934년 논문으로만 얻어진다"고 썼다. 현대포트폴리오이론의 창시자 해리 마코위츠는 "역설을 피하려면 베르눌리와 맹거가 했던 것처럼 효용함수가 유한하다고 가정해야 한다"고 했다. 다시 말해 맹거는 20세기 경제학의 반석과도 같은 사도다.

기존 경제학이 길을 잃고 탈선한 결정적인 원인은 바로 실제의 경제에 존재하지 않는 에르고드가 존재한다고 함부로 가정한 데

에르고드 이코노미

에 있다. 없는 걸 있다고 가정하다보니 엉뚱한 결론을 내리게 되는 것이다. 그러한 이론은 당연히 실제의 경제와 맞지 않는다.

21세기의 새로운 경제학은 경제가 무조건 에르고드하다고 가정한 20세기 경제학의 잘못을 바로 잡는 데서 시작된다. 이는 곧 경제와 삶을 진정으로 에르고드하게 만들 수 있는 방법을 도모하도록 만든다.

경제와 삶을 에르고드하게 만든다는 것은 실질적으로 무엇을 의미할까? 첫째, 일차원적인 경제학 세계관의 다차원화다. 둘째, 앙상블 평균에서 시간 평균으로의 전환이다. 셋째, 평균의 함정에서의 탈출이다. 이 세 축을 기준으로 경제학을 새롭게 구성할 때 생존과 장기 성장, 그리고 모두를 위한 경제로 나아갈 수 있다. 이제부터 이 세 가지 기준을 하나하나 살펴보자.

3장

에르고드 경제학의 목적: 일차원이 아닌 다차원의 세계관

경제란 곧 사람의 살림이다_____

경제학의 원류를 찾아가는 일은 중요하다. 비록 현재 길을 잃기는 했지만 처음부터 그랬다고 단정할 수는 없어서다. 좋은 뜻으로 출발했던 일이 중간에 청부업자 혹은 제사장의 손에 납치돼 탈선하는 일은 인류의 역사에서 비일비재하다.

간단한 예를 하나 들자. 1912년 알리는 태평양 뉴기니섬의 마당에서 태어났다. 당시 마당을 포함한 뉴기니 동부는 독일 식민지였다. 1914년 1차대전이 벌어지면서 오스트레일리아 군이 뉴기니를 점령했다. 전쟁 후 태평양의 독일 식민지는 일본과 오스트레일리아가 나눠 가졌다. 마당은 그대로 오스트레일리아의 영토가 되었다.

1937년 얄리는 뉴기니 동쪽의 뉴브리튼섬에서 가장 큰 도시인 라바울의 경찰학교에 들어갔다. 1939년 유럽에서 2차대전이 시작되었을 때 얄리는 마당 남동쪽의 라에에 배치된 경찰관이었다. 1941년 일본이 태평양전쟁을 일으키면서 얄리의 임무가 확장되었다. 오스트레일리아군을 위한 해안 경계였다. 여러 섬의 절벽 등에 매복한 채로 일본 군함이 지나가는지를 감시하는 일이 얄리의 핵심 임무였다.

오스트레일리아는 얄리를 체계적으로 훈련할 필요를 느꼈다. 1942년 오스트레일리아 퀸즐랜드로 보내진 얄리는 6개월간 훈련을 받고 경사로 승진했다. 퀸즐랜드에 머무르는 동안 얄리는 서양의 기술 문명에 깊은 인상을 받았다. 1944년 다시 퀸즐랜드의 브리즈번으로 소환된 그는 동물원과 박물관 등을 둘러볼 기회를 얻었다.

1945년 전쟁이 끝나자 얄리는 서양 문명의 도입을 주창하는 선구자를 자처했다. 그는 뉴기니의 여러 마을을 돌아다니며 무역을 촉진하고 농업 생산을 증대하며 전기를 들여오자고 목소리를 높였다. 그는 자신의 동포들이 청결하고 위생적인 환경에서 살기를 희망했다. 얄리 주변에 사람들이 모이기 시작했다.

결과를 어땠을까? 모든 게 얄리 생각대로 흘러가지는 않았다.

얄리 주변에 모인 사람들은 얄리를 신적 존재로 떠받들었다. 그들은 얄리가 하늘에 있는 신들과 통하며 초능력을 지녔다고 떠들고 다녔다. 태평양전쟁 중 번쩍거리는 커다란 물체가 하늘에서 내려와 납작한 검은색 막대와 작고 하얀 돌멩이를 그냥 나누어줬던 덕분이었다. 검은색 막대는 달콤했고 하얀 돌멩이는 아픈 몸을 낫게 해 주었다. 비행기에서 내린 미군의 초콜릿과 아스피린이었다.

얄리 주변의 사람들은 전쟁이 끝난 후 하늘에서 더 이상 비행기가 내려오지 않는 걸 아쉬워했다. 그들은 전쟁 때 미군이 했던 행동을 따라 하면 다시 비행기가 내려올 거라고 설교했다. 구체적으로 그들은 사람들로 하여금 막대기를 들고 줄지어 걸어 다니게 하고 또 활주로에 유도등을 켜놓듯 초원에 불을 피워 놓게 했다. 일명 화물 종교cargo cult가 탄생하는 순간이었다.

얄리를 신으로 모심으로써 그들은 자신의 권력과 잇속을 단단히 챙겼다. 얄리는 1975년에 죽었다. 화물교의 의식은 지금까지도 계속되고 있다.

다시 경제학으로 돌아와, 경제학을 창시한 사람으로 보통 애덤 스미스를 꼽는다. 그게 경제를 주제로 책을 쓴 최초의 사람이 스미스라는 뜻은 아니다. 이미 1장에서 네덜란드 의사 버나드 맨더빌이 쓴 『꿀벌의 우화』를 예로 들었다.

사실 맨더빌의 책은 본격적인 경제학 책이라고 하기에 부족함이 있다. 그러나 1680년대 아일랜드에서 태어나 20대에 프랑스 국적을 취득하고 말년에 영국에서 산 리처드 캉티용의 책은 최초의 경제학 책이라고 하기에 조금도 부족하지 않다. 은행가로 이름을 날렸던 캉티용은 프랑스 왕정을 등에 업은 영국인 존 로가 미시시피회사를 세웠을 때 고리로 돈을 빌려주어 한몫 제대로 잡았다. 이때 생긴 원한으로 캉티용은 1734년 살던 런던 집에 불이 나 죽을 때까지 온갖 소송과 살해 협박을 받았다. 많은 사람들은 캉티용 집의 화재가 방화였다고 믿고 있다.

캉티용은 살아 생전에 적지 않게 글을 썼다. 그중 『일반적인 상업의 본질에 대한 에세이』라는 책만이 유일하게 살아남았다. 원래 이 책을 썼던 해는 1730년이었지만 처음 출간된 해는 1755년이다. 프랑스어로 쓰여진 이 책에는 "땅은 모든 재부를 끌어내는 원천이자 물질이다. 사람의 노동은 생산을 위한 방식을 제공한다. 그리고 재부 그 자체는 그저 음식, 편리, 삶의 즐거움일 뿐이다." 라는 표현이 등장한다. 캉티용은 모험사업가를 가리키는 앙트레프레뉴어entrepreneur라는 말을 제일 먼저 쓴 사람이기도 하다.

재부가 귀금속 화폐, 즉 돈과 전적으로 동일한 대상이 아니라는 캉티용의 생각은 그대로 애덤 스미스에게 이어졌다. 캉티용의 책은 스미스는 물론이고 당대의 주도적인 경제학자들 대부분에게 영향을 미쳤다. 예를 들어, 프랑스의 해군장관과 재정총감을 지냈고 『재산의 형성과 분배에 관한 고찰』 등을 쓴 안 로베르 자크 튀르고나 프랑스왕의 주치의면서 진지하게 경제를 연구하고 『경제표』를 쓴 프랑수아 케네 등이 사상적으로 캉티용의 직속 제자였다.

그게 전부가 아니다. 경제에 대한 관심은 캉티용과 스미스가 활동했던 18세기에 시작되지 않았다. 그건 인류의 역사 그 자체에 가깝다.

가령 성서에서도 그 흔적을 어렵지 않게 찾아볼 수 있다. 대표적인 예가 구약 레위기 25장이다. 모세가 시나이산에 올라 주님의 말씀을 듣는 이야기다. 14절에 보면 "너희가 동족에게 무엇을 팔거나 동족의 손에서 무엇을 살 때, 서로 속여서는 안 된다."라는 구절이 나온다. 경제 활동의 기본을 다루었다고 볼 만하다.

또 36절의 "그에게서 이자나 이익을 거두어서는 안 된다."나 37절의 "이자를 받으려고 그에게 돈을 꾸어 주어서도 안 되고, 이득을 보려고 그에게 양식을 꾸어 주어서도 안 된다."는 구절도 경제와 관련이 있다. 여기서 '그'란 가난하게 된 동족을 가리킨다.

레위기에는 경제에 관한 흥미로운 구절도 있다. 바로 부동산의 매매에 대한 언급이다. 23절은 "땅을 아주 팔지는 못한다. 땅은 나의 것이다. 너희는 내 곁에 머무르는 이방인이고 거류민일 따름이다."라고 명령한다. 이어 가난으로 땅을 팔았더라도 매 50년마다 원래의 소유자가 대가를 지불하지 않고 땅을 되찾는다는 구절이 뒤따른다. 50년이 지났음을 알리는 도구인 양의 뿔로 만든 나팔, 즉 주빌리Jubilee는 곧 '속박의 해방'을 상징하게 되었다.

또 다른 보기로서 신약성서 마태오복음서 6장 24절은 "아무도 두 주인을 섬길 수 없다. 한쪽은 미워하고 다른 쪽은 사랑하며 한쪽은 떠받들고 다른 쪽은 업신여기게 된다. 너희는 하느님과 재물을 함께 섬길 수 없다."고 말한다. 한국어 성경에서 재물로 번역한 원래의 라틴어 단어는 마모나mamona다. 이 단어에서 재물과 물욕의 신인 맘몬이 나왔다. 이로부터 당시 사람들이 재물에 어떠한 태도를 보였는지를 쉽게 짐작할 수 있다.

간략히 살펴봤지만 이것만으로도 경제학의 창시자가 애덤 스미스라는 말은 그릇된 길로 우리를 이끈다. 사익의 추구가 더 나은 결과를 가져오기도 한다는 생각은 맨더빌이 앞섰고 재부가 돈과 같지 않다는 생각은 캉티용이 먼저였기 때문이다. 그럼에도 그두 가지 생각을 연결 지었다는 게 스미스의 대단한 점이라는 주장이 있을 수 있다.

많은 신고전파 경제학자들은 자신의 경제학 이론이 스미스에게서 유래되었다고 생각한다. 흥미롭게도 스미스와 스미스를 계승한 1772년생 데이비드 리카도는 신고전파 경제학과 완전히 대척을 이루는 객관적 가치 이론을 주장했다. 반면 신고전파 경제학은 희소성에 기반을 둔 주관적 가치 이론 위에 쌓아졌다. 경제학의 효용이 똑같은 물건이라도 사람마다 다르게 가치를 평가한다는 주관적 가치와 다르지 않음은 자명하다.

리카도가 1817년에 쓴 『정치경제학과 과세의 원리에 대하여』의 다음 구절에서 그와 스미스의 생각을 확인할 수 있다.

"희소성 하나만으로 가치가 결정되는 일부 범용재가 있기는 하다. 그러나 이들은 시장에서 날마다 교환되는 대다수 범용재의 아주 작은 부분을 구성할 뿐이다. 애덤 스미스는 이틀이나 두 시간의 노동으로 생산되는 것은 하루나 한 시간의 노동으로 생산되는 것의 두 배만큼의 가치가 되어야 한다고 말했다.

이것이 사람의 수고로 수량이 늘 수 없는 것을 제외하고 정말로 모든 것의 교환가치를 정하는 토대라는 점은 정치경제에서 극도의 중요성을 갖는 원칙이다. 왜냐하면 가치라는 단어에 따라 붙는 모호한 생각보다 오류와 의견 차이를 더 많이 야기하는 것은 없기 때문이다."

말하자면 오늘날의 경제학은 온전히 스미스의 생각도 아니다. 여기저기서 선택적으로 취합된 결과라는 뜻이다. 스미스에 대해서는 이 장의 뒤쪽에서 다시 다룰 예정이다.

그렇다면 경제란 과연 무엇일까? 이럴 때 쓸 수 있는 한 가지 방법이 단어 자체를 꼼꼼히 살펴보는 일이다. 제사장들에 의해 납치되기 전의 본모습이 드러날 수 있어서다.

서양의 이코노미economy는 가정을 뜻하는 그리스어 오이코스oikos와 관리를 뜻하는 그리스어 노모스nomos가 합쳐진 오이코노모스oikonomos에서 유래했다. 쉽게 말해 오이코노모스는 집안 살림이었다. 경제학을 뜻하는 영어 단어 이코노믹스economics 역시 오이코노모스가 변형된 그리스어 오이코노미코스oikonomikos에서 나왔다.

『오이코노미코스』라는 제목으로 책을 쓴 사람도 있다. 기원전 4세기의 크세노폰이다. 크세노폰은 아테네인 용병대의 일원으로 페르시아 내전에 뛰어들었다가 겨우 살아 돌아온 경험을 쓴 『페르시아 원정기』로 유명하다. 하지만 원래 소크라테스의 제자였던 그는 스승과의 대화, 즉 가르침을 여러 권의 책으로 썼다. 『오이코노미코스』도 그중 하나였다.

비록 오늘날 경제에 대한 우리의 생각은 거의 서양에서 왔지만 단어 자체는 한자다. 경제經濟라는 단어는 '세상을 다스려 민초를 구제한다'는 경세제민經世濟民을 줄인 결과다. 서양의 이코노미가 식구들을 잘 먹여 살리기 위한 집안 살림이라면 동양의 경제는 백성들을 잘 먹여 살리기 위한 나라 살림이었다는 뜻이다. 즉 경제는 본래 가정의 살림이자 나라의 살림이었다.

'살림'이라는 말에는 울림이 있다. 살림은 '살다'의 사동사인 '살리다'에서 유래했다. '살게 만든다'는 의미로 살림이 만들어졌다는 얘기다. 『표준국어대사전』은 '한집안을 이루어 살아가는 일'을 살림의 첫 번째 뜻으로 꼽는다. 한집안이라면 모두가 남일 수 없다. 나 혼자 배부르자고 토끼 같은 자식을 굶기는 부모가 있을 리 없다.

경제의 본래 뜻이 그러하다면 경제학의 원리도 그에 맞게 구성되어야 한다.

'인생은 짧고 예술은 길다'는 누구의 말이었을까_____

"인생은 짧고 예술은 길다.*"라는 말을 들어보지 못한 사람은 별로 없다. 식상하게 들리지만 이 말을 하는 사람이 적지 않아서다. 한국어 사전을 찾아 보면 이를 두고 "인생은 백 년을 넘기기 어려우나 한번 남긴 예술은 영구히 그 가치를 빛낸다는 말"이라는 설명이 나온다. 사전에 오를 정도로 널리 사용된다는 의미다.

이 말을 하는 사람들은 대체로 예술과 관련된 사람들이다. 예술의 위대함을 단언하는 말로서 이보다 더 폼 나는 말은 없다. 그

---

* 비타 브레비스, 아르스 롱가 vita brevis, ars longa.

러다 보니 예술과 직접 관련이 없는 사람들도 쓴다. 일례로, 물리학자 김상욱은 2018년 한 신문의 연재 글에 이 말을 썼다*. 세계적인 비디오 아티스트 백남준은 가야금 명인 황병기를 만났을 때 이를 비틀어 "예술은 짧고 인생은 길다"고 했다.

이 말은 언제부터 사용되기 시작했을까? 이를 유명하게 만든 사람 중에 B.C. 4년에 태어난 로마의 루키우스 안나이우스 세네카가 있다. 스페인 태생의 귀족이었던 그는 로마의 집정관을 지낸 정치인이었다. 세네카가 황제가 되기 전의 네로를 가르친 개인 교사였다는 사실은 꽤나 유명하다. 그뿐만 아니라 그는 A.D. 54년 당시 로마 황제 클라우디우스가 갑자기 죽자 네로를 황제로 만드는 쿠데타를 주도했다.

하지만 세네카가 명성을 얻은 데는 그가 썼던 글이 더 큰 역할을 했다. 오늘날까지도 전해지는 그의 글은 기원전 1세기의 마르쿠스 툴리우스 키케로나 2세기의 마르쿠스 아우렐리우스의 글과 함께 표준 라틴어 교본의 하나다. 특히 세네카는 일명 '스토아 학파'의 철학자로 이름이 높았다.

스토아stoa는 그리스의 주랑이다. 주랑柱廊이란 줄지어 세워 놓은 기둥과 지붕이 있는 복도 공간을 말한다. 햇빛과 비를 피할 수

---

* 김상욱·유지원의 뉴턴 아틀리에, 『경향신문』, 2018년 12월 24일.

에르고드 이코노미

있지만 옆으로는 벽이 없어 자유롭게 드나들 수 있는 열린 시설인 셈이다. 기원전 4세기 키티온의 제논은 아테네의 한 스토아에서 자신의 사상을 대중에게 가르쳤다. 제논의 가르침을 따르고 발전시키는 사람들을 가리켜 스토아 학파라고 부르게 된 이유다.

스토아 학파는 과도한 욕심을 버리고 덕을 추구하는 사상을 주장했다. 보다 구체적으로 그들은 로고스^{logos}를 따름으로써 파토스^{pathos}로부터 자유로워지라고 했다. 로고스를 영어로 옮기면 리즌^{reason}이며 우리말로는 분별 또는 이성이고, 파토스는 영어로 패션^{passion}, 즉 정념, 충동이다. 즉 로고스는 보편적인 법칙과 준칙이고 파토스는 외부로부터 받은 자극이나 마음의 상태다. 다시 말해 스토아 사람들은 이성이 이끄는 삶을 살라고 가르쳤다.

당시 그리스에서 가르침을 전파하던 사람들이 스토아 학파만 있지는 않았다. 플라톤은 아카데미아에서, 아리스토텔레스는 리케이온에서, 에피쿠로스는 자신이 소유한 외딴 집의 성원에서 사람들을 가르쳤다. 아카데미아와 리케이온은 원래 각각 그리스 신 아테네와 아폴론의 신전이었다. 성스러운 신전이나 번잡하지 않은 호화 별장이 가르침의 장소로 쓰였다는 의미다.

스토아 학파와 다른 학파의 차이점은 한 가지 면에서 분명했다. 스토아는 본래 용도가 시장 바닥이었다. 상인은 스토아에서 물건을 팔았고 장인은 스토아에서 자신의 공예물을 선보였다. 말하자면 제논은 길거리에서 자신의 생각을 가르친 셈이었다. 스토아 학파는 재물의 풍요를 쫓지 말고 마음의 평정을 지키라고 주문했다.

세네카는 A.D. 49년 자신과 비슷한 나이의 두 번째 장인인 폼페이우스 파울리누스에게 모두 20통의 편지를 보냈다. 이 편지들은 나중에 『인생이 왜 짧은가』라는 책이 되었다. 사람들이 인생이 짧다고 불평하지만 그건 "우리가 인생을 사치나 부주의로 낭비"하기 때문이라고 세네카는 썼다. 바로 이 글에 "비타 브레비스, 아르스 롱가"가 나온다. 우리가 오늘날 "인생은 짧고 예술은 길다"는 말을 접하게 된 데에는 스토아 철학자로서 세네카의 유명세가 크게 이바지했다.

그렇다면 이 말을 처음에 했던 사람은 누구였을까? 세네카는 편지에서 '가장 위대한 의사'가 이 말을 외친다고 썼다. 세네카가 살던 시기에 그리스에서 가장 위대한 의사는 의심의 여지 없이 이 사람을 가리켰다. B.C. 460년에 태어났고 서양 의술의 원조로 대접받는 일명 코이오스의 히포크라테스다. 히포크라테스가 남긴 글을 모은 책 중 하나인 『격언』의 첫 번째 구절이 바로 '비타 브레비스, 아르스 롱가'다.

히포크라테스가 최초라는 얘기를 들으면 대부분 살짝 어리둥절해한다. 뭔가 대단한 예술가가 주인공일 줄 알았는데 뜬금없이 의술의 아버지가 등장해서다. 그러다가 히포크라테스 같은 위대한 인물은 예술 쪽으로도 식견이 뛰어났나 보다 하고 합리화하기도 한다.

실은 히포크라테스가 예술에 관심을 가졌다는 기록은 어디에도 없다. 기록뿐 아니라 말로 전해져 내려오는 이야기도 없다. 엄밀히 말해 히포크라테스는 코이오스의 아스클레피오스 신전의 사제였다. 아폴로와 플레기아스의 딸 코로니스의 아들인 아스클레피오스는 의술의 신으로 떠받들어졌다. 서양 의술을 대표하는 뱀의 이미지는 반신인 아스클레피오스가 부리는 신령한 뱀을 상징했다. 그러니까 히포크라테스가 "인생은 짧고 예술은 길다"고 했다는 자체가 이해하기 힘든 미스터리다.

사실은 이렇다. 히포크라테스는 "인생은 짧고 예술은 길다"고 말한 적이 없다. 그는 '비타 브레비스, 아르스 롱가'도 말한 적이 없다. 그가 한국인이나 로마인이 아니고 기원전 5세기의 그리스인이기 때문이다. 그는 그리스어로 '오 비오스 브라쿠스, 에 데 테크네 마크레Ὁ βίος βραχύς, ἡ δὲ τέχνη μακρή'라고 했다. 이를 라틴어로 충실하게 옮긴 결과가 '비타 브레비스, 아르스 롱가'다. 비록 히포크라테스가 라틴어로 말한 적은 없지만 라틴어 번역이 히포크라테스의 생각과 다르지 않다는 점은 거의 틀림없다.

문제는 여기에 있다. 고대 그리스어의 테크네와 이를 라틴어로 옮긴 아르스는 옷감을 짜는 일과 같은 정교한 손재주가 필요한 지식과 행위를 가리켰다. 이는 유용한 물건의 생산과 건축을 비롯해 의술, 항해, 전투 같은 실용적인 분야를 가리키는 말이기도 했다. 말하자면 오늘날의 엔지니어링이 당시의 테크네였다. 멀리 갈 것도 없이 테크네는 오늘날 기술을 뜻하는 영어 단어 테크놀로지technology의 어근이다. 즉 아르스는 기술 또는 스킬만을 의미할 뿐 예술이라는 뜻이 아예 없었다.

고대 그리스에 분야로서 예술이 없었을까? 그렇지는 않았다. 시를 쓰고 음악을 연주하고 춤을 추고 연극을 하는 등의 활동은 지금 이상으로 활발했다. 이를 가리키는 단어도 당연히 있었다. 아홉 명의 모우사mousa는 그리스 신화에서 음악, 무용, 시를 주관하는 존재였다. 로마인은 모우사를 무사musa라고 불렀고 나중에 영어의 뮤즈muse가 되었다. 모우사에서 유래한 영어 단어로 뮤지엄museum과 뮤직music이 있다.

히포크라테스는 자신의 의술이 일반인에게 퍼지지 않도록 무척 조심했다. 그게 신성한 아폴론과 아스클레피오스의 것이라고 여겨졌기 때문이었다. 그는 제자를 받아 들일 때 자기에게 배운 내용을 동업자가 아닌 자에게 발설하지 않는다는 맹세를 신 앞에서 하게 했다. 그게 오늘날 우리가 '히포크라테스 선서'라고 부르는 글의 본래 핵심이었다.

『격언』의 처음 다섯 줄을 풀어서 설명하면 다음과 같은 뜻이

에르고드 이코노미

었다.

"인생은 짧은데 (너희가 배워야 할) 의술은 (연마하기에 시간이) 길게 걸리는 도다. (치료의) 기회는 순식간에 지나가고 (실제 시술의) 시도는 아주 위험하며 (올바른) 판단은 어렵기만 하구나."

즉 히포크라테스는 의술은 어려워서 배우는 데 시간이 많이 걸린다고 말했을 뿐이다. 오늘날 우리가 사용하는 예술의 의미는 조금도 배어 있지 않았다. 또한 영어 단어 아트^{art}에 예술의 의미가 추가된 때는 빨라야 17세기였다. 그러므로 히포크라테스는 "인생은 짧고 예술은 길다"고 말한 적이 없다.

이처럼 외국말은 다른 나라 말로 옮기는 도중에 엉뚱하게 번역될 수 있다. 그렇게 엉뚱하게 번역된 말을 갖고 개념을 논하는 일은 우스꽝스럽다. 그래서 단어의 어원과 유래를 확인하는 일이 필요하다. 또한 같은 단어라고 하더라도 글이 쓰인 시기에 따라 현재와 다른 뜻으로 사용되는 일도 흔하다. 글이 쓰였을 때 어떤 의미였는지를 찾아보지 않으면 턱없는 소리를 지껄이게 되기 십상이다.

나아가 한 사람의 말이 얼마만큼의 무게를 가지고 있는지도 따져볼 일이다. 세네카는 인생을 사치나 부주의로 낭비하지 말라고 했지만 정작 자신이 그러한 삶을 살았다. 집정관이 된 후 돈놀이로 어머어마한 돈을 긁어모았고 그로써 누구보다도 호사스러운 생활을 누렸다. 심지어는 로마군이 오늘날의 영국인 브리튼 섬을 점령한 후 세네카는 켈트인에게 큰돈을 강제로 빌려준 후 갑작스레 갚으라고 요구해 파산시켰다. 이는 A.D. 60년 로마를 상대로 켈트인이 무력 항쟁을 벌이게 된 직접적인 원인이었다.

후대 사람 중에 세네카의 이중적 태도를 혹독하게 비판한 사람이 있다. 1장에 나왔던 확률론의 선구자 지롤라모 카르다노다. 도박꾼의 기준으로도 세네카의 수법은 겉은 말랐는데 속은 축축하기만 한 행태였던 모양이다. 그러한 비판은 세네카가 살던 때도 당연히 들끓었다. 세네카는 "재산을 적절히 모으고 쓰는 것은 철학자의 온당한 행위"라고 반박했다.

합리성은 단순한 계산 능력에 지나지 않으며 이성과 다르다_____

경제학은 합리성을 중요하게 여긴다. 호모 에코노미쿠스를 규정하는 세 가지 특질 중 두 가지를 함께 가리켜 경제적 합리성이라고 부를 정도다. 기억을 되살려 보자면 첫 번째 특질은 경제적 이익만의 추구고 두 번째 특질은 이익에 관한 일관성이다. 전자는 돈 외에는 다른 관심이 없다는 뜻이고 후자는 언제 어디서나 더 많은 돈을 원한다는 뜻이다.

일부 경제학자는 경제적 합리성이라는 말을 보다 넓은 의미로 사용한다. 이익이든 효용이든 기댓값을 최대화하는 선택이 그들에게는 합리성이다. 겉으로 드러나 있지는 않더라도 보다 넓은 의미의 합리성은 호모 에코노미쿠스를 전제한다. 호모 에코노미쿠스가 가정되지 않으면 기댓값 최대화는 논리상 완전하지 않다. 이는 동시에 에르고드 가정을 의미한다.

합리성이라는 표현은 사람을 주눅들게 만든다. 합리적이라고 일컫는 대상을 비판하려면 꽤 용기가 필요하다. 우리는 합리적이라는 말을 대개 '옳다'는 뜻으로 이해한다. 그러니 그러한 대상을 상대로 반론을 펴는 일은 영 마음이 편치 않고 거북하다. 어느 누구라도 '반이성적'이라는 말을 듣고 싶지는 않다.

합리성은 구체적으로 무엇을 의미할까? 『표준국어대사전』은 합리성을 "이론이나 이치에 합당한 성질"로 정의한다. 고영복의 『사회학사전』*은 "논리적, 경험적인 지식의 규칙에 따라 의식되고 있는 생각이나 행위"를 의미한다고 설명한다. "합리성 내지는 이성이 인간의 두드러진 특징"이라는 설명도 뒤따른다. 이종수의 『행정학사전』**은 "논리 또는 이성에의 적합성"을 가리킨다고 해설한다.

방금 나온 설명에는 한 가지 공통점이 있다. 바로 합리성과 이

---

* 고영복, 『사회학사전』, 사회문화연구소, 2000.
** 이종수, 『행정학사전』, 대영문화사, 2009.

성을 서로 대신할 수 있는 동의어로 본다는 점이다. 즉 합리성이 곧 이성이고 이성이 곧 합리성이다. 둘이 다르지 않고 동일한 개념이라는 생각이 그 배후에 깔려 있는 셈이다.

그렇다면 이성은 어떻게 정의될까? 『표준국어대사전』은 이성을 네 가지 뜻으로 풀이한다. 첫째는 개념적으로 사유하는 능력을 감각적 능력에 상대하여 이르는 말로 인간을 다른 동물과 구별시켜 주는 인간의 본질적 특성이다. 둘째는 진위, 선악을 식별하여 바르게 판단하는 능력이다. 셋째는 절대자를 직관적으로 인식하는 능력이다. 넷째는 칸트 철학에서 감성, 오성과 구별되어 이데아에 관계하는 더 높은 사고 능력을 말한다.

선입관 없이 앞에 나온 합리성과 이성의 설명을 읽으면 둘 사이의 미묘한 차이를 발견할 수 있다. 무엇보다도 합리성은 하나의 이론 혹은 규칙을 따르는 성질이다. 그것은 경직되고 기계적인 처리다. 1 더하기 1은 반드시 2가 되고 쉼표가 하나 빠진 프로그램을 처리하지 못하는 컴퓨터의 융통성 없음과 같다.

그에 비해 이성은 차원 높고 종합적인 성질이다. 이성은 동물의 본능을 넘어서는 인간의 본성이다. 그것은 옳고 그름을 가리고 선과 악을 분별할 수 있는 고도의 사유 능력이다. 서로 자기 아기라고 주장하는 두 여자를 두고 아기를 반으로 갈라 공평하게 나눠 주라는 솔로몬의 판결과 같다.

에르고드 이코노미

합리성이나 이성은 사실 19세기 말 일본에서 만들어진 말이다. 우리가 이들 단어를 쓰고 있는 이유는 이 말을 일본으로부터 배운 사람들에게 배웠던 탓이다. 서양의 말이 일본의 한자어로 옮겨지는 과정에서 놓치거나 왜곡된 부분이 당연히 많이 있다. 본래의 뜻을 찾아보려면 옮겨지기 전의 서양 말을 확인하지 않을 수 없다.

대표적인 예 하나를 여러분은 이미 앞에서 보았다. 영어에서 아트는 한국말로 기술, 기예, 예술을 모두 총칭하는 유일한 단어다. 문맥에 따라 어느 한쪽을 좀 더 지칭할 수는 있지만 이를 구별하는 별도의 단어가 있지는 않다. 그래서 서양에서 기술은 예술과 통하며 거꾸로 예술은 기술과 완전히 분리되기 어렵다. 반면 일본에서 아트를 기술과 예술이라는 별개의 두 단어로 옮긴 탓에 두 분야는 서로 동떨어진 분야가 되었다.

그렇다면 합리성과 이성을 나타내는 영어는 각각 무엇일까? 전자는 래셔낼리티^{rationality}고 후자는 앞에서 이미 한 번 나왔던 리즌이다. 두 단어를 동의어로 여기는 사람도 있지만 한국어의 합리성 및 이성보다 차이가 명확하다. 차이를 분간하기에는 명사보다는 각각의 형용사가 더 낫다.

'합리적인'으로 옮길 수 있는 영어 래셔널^{rational}은 라틴어 라티오^{ratio}에서 유래했다. 라티오에는 많은 뜻이 있지만 첫째가는 뜻은 계산 혹은 셈이다. 이로부터 재산의 증감을 기록한 목록, 수량, 비율, 이익 등의 뜻이 뒤따른다. 라티오는 비율을 뜻하는 영어 단어와 철자까지 똑같다. 네이버 라틴어사전에 의하면 라티오에 이성이란 뜻이 있기는 하지만 열여덟 번째 순서다.

중학교 1학년 때 처음 배우는 유리수^{有理數}는 분자와 분모가 둘 다 정수면서 분모가 0이 아닌 수를 가리킨다. 이 유리수의 영어 단어가 바로 래셔널 넘버$^{rational\ number}$다. 이치가 있기 때문이 아니라 분자와 분모의 정수 비로 표현이 가능하다는 의미다. 비율이 있는 수라는 의미에서 유비수^{有比數}라고 옮겨야 타당했을 것을 난데없이 유리수로 부르게 된 이유 역시 하나의 단어인 아트를 기술과 예술로 구별해 쓰게 된 연유와 같다.

반면 '이성적인'으로 옮기는 게 타당한 영어 리즈너블^{reasonable}은 프랑스어 레종^{raison}을 영어식으로 받아들인 결과다. 18세기 계몽주의자 프랑수아-마리 아루에 볼테르가 발전시킨 레종(이성)은 프랑스 혁명의 사상적 씨앗이었다. 볼테르에게 이성은 모든 사람이 글을 깨치는 능력, 사상의 자유, 종교와 민족 간의 관용, 그리고 노예제의 폐지를 뜻했다. 리즈너블에 계산이라는 뜻은 따로 있지 않다.

이성을 뜻하는 리즌에는 이유라는 뜻도 있다. 이유는 사건이나 현상 혹은 행동의 원인을 설명하거나 정당화하는 개념이다. 다면

에르고드 이코노미

적이고 종합적인 관점을 가져야만 올바른 이유를 찾을 수 있다. 이유는 구실이나 변명 혹은 처벌의 근거로도 사용되기에 윤리와도 자연스럽게 연결된다. 래셔널은 윤리와 아무런 관계가 없다.

리즌과 레종은 사실 갑자기 근대에 튀어나온 단어가 아니다. 로마 이전 고대 그리스 때부터 사용되던 한 단어의 직계 후예다. 그 그리스어가 바로 로고스다. 앞에서 스토아 학파를 이야기할 때 나왔던 로고스를 다시 한번 되새기자면 로고스는 분별 또는 이성으로서 보편적인 준칙이다. 스토아 사상가들은 로고스가 이끄는 삶을 살라고 했다.

로고스를 중요하게 여긴 그리스인이 모두 스토아 학파는 아니었다. 기원전 4세기의 박식가 아리스토텔레스도 로고스의 중요성을 설파했다.

그는 인간이 꿀벌 같은 동물보다 공동체의 구성원이라는 의미가 더 크다고 보았다. 아리스토텔레스는 입에서 나오는 단순한 음성과 이성에 의한 말, 즉 로고스를 명확히 구별했다. 이어 다른 동물과 달리 선과 악이나 정의와 불의를 인식하는 인간의 특성이 도시국가와 같은 공동체를 형성하게 만든다고 주장했다. 옳고 그름을 가리는 말은 공동체의 지탱에 없어서는 안 될 요소라는 이야기였다.

말을 뜻하는 로고스라는 단어에는 다른 의미도 있다. 성부와 성자의 '말씀'을 지칭하는 그리스어가 바로 로고스다. 마케도니아의 알렉산드로스 대왕 때부터 동지중해와 중동 전역에서 폭넓게 사용됐던 그리스어를 가리켜 '공동의 언어'를 뜻하는 코이네 디알렉토스^{koine dialektos}라고 불렀다. 오늘날 우리가 헬라스어라고도 부르는 당시의 코이네 그리스어로 애초에 신약성서가 쓰여졌는데 거기서 로고스는 곧 주님의 말씀이었다. 일례로, 요한복음서 1장 1절의 "한처음에 말씀이 계셨다. 말씀이 하느님과 함께 계셨는데 말씀은 하느님이셨다"에서 말씀은 모두 헬라스어 로고스를 번역한 것이다.

지나가는 이야기로서 중국어로 번역된 성경은 로고스를 무엇으로 옮겼을까? 흥미롭게도 그들의 선택은 길 도^道였다. 말소리 자체보다 말 뒤에 자리한 도리나 총체적 근원에 주목했기 때문일 터다. 에르고드 경제학, 즉 기도 경제학의 기도^{氣道}를 이루는 글자 도와 일치하는 셈이다.

요약하면 합리성은 단순한 숫자 계산 능력에 지나지 않는다. 숫자 계산은 물론 인간이 가진 고유한 능력 중 하나다. 그렇지만 이는 이성과 비교하면 작은 재주일 뿐이다. 그것만 갖고는 감당이 되지 않는 많은 문제가 우리 삶에는 있다. 셈하는 능력은 초등학교 1학년이면 누구나 가지는 깜냥이지만, 이성으로 분별하는 능력은 60살이 넘어도 그릇이 못되면 가지지 못한다.

한 가지 기준으로만 행동하는
경제학 인간을 다른 말로 한다면_____

이제 경제학의 출발점인 호모 에코노미쿠스를 다시 돌이켜볼 차례다. 이러한 뒤돌아보기는 에르고드 경제학에 무척 중요하다. 기존 경제학의 근본 문제에 빛을 비추고 썩은 부분을 잘라 내지 못한다면 경제학이 달라질 방법은 없다.

호모 에코노미쿠스는 세 가지 특질로써 정의할 수 있다. 첫째, 경제적 이익만을 추구한다. 그는 경제적 이익이 아닌 다른 것에는 아무런 관심이 없다. 둘째, 경제적 이익에 관해 일관된다. 그는 때와 장소를 가리지 않고 반드시 더 많은 돈을 좇는다. 셋째, 자기만의 이익에 관심을 둔다. 그에게 남들의 형편은 알 바 아니다.

쉽게 말해 그는 오직 한 가지의 기준만 갖고 있다. 남들이 어떻게 느끼든 혹은 뭐라 하든 조금도 괘념하지 않는다. 그저 그 한 가지의 기준에 따라 행동할 뿐이다. 그 자신의 황금색 기준이 세상을 바라볼 때 그가 유일하게 사용하는 렌즈 필터다. 그래서 다른 사람들이 다양한 빛으로 구성된 총천연색 세상을 느낄 때 그는 샛노란 단색의 세상을 느낀다.

방금 한 설명에 딱 들어맞는 사람이 있다. 그것은 바로 사이코패스 혹은 소시오패스다.

사이코패스란 한마디로 반사회적 성격장애자다. 이들은 다른 사람의 고통에 무감각하고 타인의 권리를 침해하고 무시하는 경향을 보인다. 또한 개인의 이익이나 만족을 위해 거짓말과 사기 행동을 일삼는다. 소시오패스는 사이코패스와 비슷한데 극단적인 자기 중심성이 조금 더 뚜렷하고 매우 계산적이며 인생을 이겨야 하는 게임이나 도박으로 여기는 자를 가리킨다.

사이코패스와 소시오패스를 나누는 기준은 완전히 통일되어 있지는 않다. 선천적이냐 후천적이냐를 가지고 나누는 사람도 있고 자신의 행동이 잘못됐다는 인식이 없냐 있냐를 가지고 나누는 사람도 있다. 사이코패스에게 잘못된 행동이라는 개념 자체가 없다면 소시오패스는 잘못된 행동이라는 것을 인식하면서도 그 행동을 저지른다는 차이가 있다. 사이코패스와 소시오패스를 나누는 엄밀한 기준이 무엇이냐는 사소한 문제다. 어느 쪽이든 끔찍한 종자들이라는 게 더 중요하다.

말하자면 경제학 인간은 자신의 돈밖에 모르는 일종의 소시오패스다. 경제학 인간을 정의하는 조건들은 그대로 사이코패스나 소시오패스의 특징에 부합한다. 그동안 우리는 소시오패스의 논리를 경제학이라는 이름으로 배워왔다는 얘기다.

소시오패스라는 표현을 쓰지는 않았지만 거의 같은 이야기를 한 사람이 있었다. 케임브리지대학에서 박사학위를 받고 옥스퍼드, 하버드, 케임브리지 등에서 가르친 아마르티아 센이다. 센은

1998년에 스웨덴중앙은행상을 받았다.

센은 경제학이 합리성을 이기적인 합리성으로만 한정해 가정하는 것에 심각한 위험이 있다고 주장했다. 사람들이 약속을 주고받을 때는 약속 이후의 행동에서 서로를 믿을 수 있다는 개념 위에 경제학을 쌓아올려야 한다는 이야기였다. 그는 직접 지어낸 다음의 일화로 경제학의 합리성이 얼마나 가소로운 결과를 가져오는지 보여주었다.

"길거리에서 서로 모르는 두 사람이 만난 거에요. 그가 나에게 물었죠. "기차역이 어디 있어요?" "저기에요.", 내가 대답했죠, 기차역이 아닌 우체국을 가리키면서요. "가는 길에 이 편지 좀 부쳐줄래요?" "그래요.", 그가 대답했죠, 편지 봉투를 뜯어 값나가는 뭔가가 안에 들었는지 봐야겠다고 속으로 결심하면서요."

코넬대학의 로버트 프랭크는 1993년 한 논문을 발표했다. 타과 학생들이 다른 사람을 속이는 비율이 39퍼센트인 실험에서 경제학과 학생은 60퍼센트의 비율로 속인다는 내용이었다. 일반적으로 남자가 여자보다 다른 사람을 속일 가능성이 높다. 경제학 전공자의 다수가 남자기에 그런 결과가 나왔다는 반론이 있을 수 있다. 그러한 반론을 이미 예상한 프랭크는 남학생 비율의 효과를 보정한 결과도 논문에 포함시켰다. 경제학 전공자가 속일 확률은 여전히 17퍼센트 높았다.

프랭크의 논문은 전세계 교육자들에게 다행한 소식도 담고 있었다. 대학을 다닌 기간이 길수록 속임수를 쓰지 않고 다른 사람과 공감하는 비율이 높아진다는 실험 결과였다. 교육이 학생들의 행동을 성숙하게 만들고 있다는 간접적인 증거였다. 경제학 전공자는 이러한 추세에 굴하지 않았다. 프랭크는 자기 과 학생들이 추가되는 교육 기간에도 불구하고 합리적인 행태를 취할 확률이 낮아지지 않음을 발견했다.

프랭크는 후속 연구에서 추가적인 사실도 밝혀냈다. 경제학과 학생을 대상으로 길에서 주은 돈을 돌려줄지 그리고 받을 돈을 덜 받았다고 거짓말을 할지를 설문 조사했다. 학기 전과 학기 후를 비교함으로써 경제학의 교육이 학생들의 행태에 영향을 주는지를 파악하려는 실험이었다.

결과는 어땠을까? 그들의 세계관은 한 학기가 지난 후 유의미하게 더 이기적으로 변했다. 길에서 주은 돈을 자기가 그냥 갖겠다거나 돈을 덜 받았다고 거짓말하는 비율이 증가했을 뿐 아니라 다른 사람도 그렇게 행동할 거라는 생각도 늘어났다. 그러한 경향은 협력과 공생보다는 혼자만의 생존이 긴요하다고 가르치는 게임이론을 그 학기에 배운 학생일수록 더욱 강했다. 비교 대상으로 선택된 천문학과 학생들은 똑같은 실험에서 그러한 경향을 보이지 않았다.

경제학 교수들은 프랭크의 발견에 집단적인 반감을 표했다. 일부는 경제학 교육이 학생을 더 이기적으로 만드는 게 아니라 원래 합리적인 학생이 경제학으로 이끌리기 쉽다는 반론을 폈다. 그게 분야로서 경제학에 문제가 없다는 근거가 될 수는 없었다.

또 다른 분야 전공자가 경제학 전공자보다 특별히 더 나을 게 없다는 반론도 많이 했다. 이들이 자주 예로 드는 결과는 에릭 슈비츠게벨의 연구였다. 캘리포니아 리버사이드대학의 슈비츠게벨은 철학과에서 윤리를 가르치는 교수와 학생이 실제 세계의 변수로 평가해 볼 때 다른 사람보다 특히 더 윤리적으로 행동하지는 않는 것 같다는 일련의 논문을 냈다. 슈비츠게벨의 처음 논문은 도서관에서 윤리책이 도둑맞는 비율이 오히려 다른 분야 책보다 높다는 조사 결과였다.

사실 윤리 교육의 효과가 크지 않다는 관찰은 경제학 전공자의 이기적인 성향과는 무관한 결과다. 캘리포니아 버클리대학에서 철학으로 박사학위를 받은 슈비츠게벨이 논문을 쓴 이유는 경제학 전공자가 윤리학 전공자보다 못할 게 없음을 보이려는 의도가 아니었다. 그것은 자기 분야를 신성시하는 경제학자와는 정반대로 우상을 경계하는 일종의 자기 반성이자 '내 탓이오'의 제스처였다. 윤리학 교수가 인격적으로 더 성숙하지 않을지는 몰라도 그게 경제학 교수가 더 이기적이어도 괜찮다는 이유일 수는 없다.

에르고드 경제학은 일차원이 아닌 다차원의 목적을 가진다_____

경제학이 달라지려면 호모 에코노미쿠스를 지금처럼 그대로 둘수는 없다. 아무리 거기에 조건을 추가하더라도 근본적인 문제가 사라지지는 않는다. 이렇게 덧댄 조건은 경제학을 누더기로 만들 뿐 아니라 현실과 맞지 않는 이론의 면죄부 역할을 할 뿐이다.

예를 들어, 카네기멜론대학의 허버트 사이먼은 일명 '제한된 합리성'을 들고 나왔다. 경제학이 가정하는 것처럼 인간의 합리성이 완벽하진 않고 현실에서는 한계가 있다는 개념이었다. 제한된 합리성은 사람들의 실제 의사결정을 묘사하거나 설명할 수 있다는 측면에서는 경제학의 합리성보다 나았다.

그러나 완전한 정보를 가지고 있는 사람이라면 결국은 호모 에코노미쿠스처럼 행동하는 게 옳다는 경제학의 주장에는 아무런 영향을 주지 못했다. 경제학의 이론에는 아무런 문제가 없고 다만 현실의 적용에 제약이 있을 뿐이라는 이야기를 경제학자들은 사이먼 이후에도 거리낌없이 했다. 호모 에코노미쿠스를 건드리지 않은 채로 경제학을 현실과 가깝게 만들려는 사이먼의 시도는 그래서 실패였다.

또 다른 예로 캘리포니아 버클리대학의 대니얼 카너먼과 스탠퍼드대학의 아모스 트버스키에서 비롯된 이른바 행동경제학이 있다. 카너먼과 트버스키는 합리성이라는 단어를 버렸다는 점에서는 사이먼보다 한 걸음 더 나아갔다. 그들은 경제학의 합리성이 현실과는 확실히 거리가 멀다고 생각했다.

심리학의 관점으로 인간의 경제적 의사결정을 분석하는 카너먼과 트버스키의 접근법은 또 다른 한계가 있었다. 기본적으로 카너먼과 트버스키는 둘 다 심리학 박사였다. 같은 규모여도 손실을 이익보다 크게 느끼고 불확실한 것보다는 확실한 것을 선호한다는 행동경제학의 어림법heuristic*은 그다지 보편적이지 않았다. 사람에 따라 정반대로 느끼는 사람도 적지 않을뿐더러 느끼는 세기도 제각각인 데다가 결정적으로 같은 사람이 맥락에 따라 다른 판단을 하는 일이 드물지 않았다.

즉 행동경제학은 사람들이 평균적으로 경제학의 합리성 대로 행동하지 않는다는 사실은 인정했지만 그게 경제학의 근본 이론에 오류가 있어서라고 생각하지는 않았다. 기대효용의 최대화는 흠 잡을 데 없는 완벽한 이론이나 사람들의 실제 행동은 그러한

---

*어림법(휴리스틱)이란 빠르게 의사 결정하기 위해 사용하는 단순한 지침 혹은 직관적 규칙을 가리킨다.

완벽함에 미치지는 못한다는 식이었다. 일례로, 트버스키는 1970년대에 한 심리학회의 세미나에서 인공지능에 대한 질문을 받고는 "동료 여러분, 그들은 인공지능을 연구하지요. 저요? 저는 자연의 우둔함을 연구합니다."라고 답했다. 트버스키에게 인간의 어림법이란 그저 어리석음에 지나지 않았다.

호모 에코노미쿠스의 합리성은 다음처럼 요약될 수 있다. 그들의 목적은 단 하나다. 오직 자신의 이익이 커지기만을 바랄 뿐이다. 쉽게 말해 그들은 언제나 더 많은 돈을 원한다. 자기의 돈만이 유일한 기준이다.

언제나 더 많은 돈을 원하는 경제학 인간의 모습은 수학 용어로 표현 가능하다. 그것은 바로 최적화다. 최적화는 어떤 값의 최대나 최소를 찾는 문제를 총칭하는 말로서 다양한 분야에서 활용된다. 일례로, 인공지능의 개발에 중요하게 사용되는 일명 강화학습은 최적화의 한 예다.

분야로서 최적화는 20세기 중반 캘리포니아 버클리대학에서 수학으로 박사학위를 받은 조지 댄치그에서 비롯되었다. 댄치그는 심플렉스 알고리즘simplex algorithm이라고 불리는 선형계획법linear programming의 창안자다. 박사과정 중 지도교수의 수업에 지각한 댄치그는 칠판에 필기된 두 개의 문제를 숙제라고 생각했다. 평소보다 어려운 문제인 탓에 숙제를 풀어 제출하긴 했지만 기한을 넘겼다. 알고 보니 통계학의 가장 유명한 난제 두 개를 멋모르고 풀었던 것이다. 댄치그의 전설 같은 일화는 맷 데이먼과 로빈 윌리엄스 주연의 영화 『굿 윌 헌팅』의 소재가 되었다.

보다 공식적으로 최적화 문제는 목적함수와 제약조건의 집합으로 구성된다. 목적함수는 최대값이나 최소값을 구하려는 대상이고 제약조건은 목적함수를 구성하는 변수들에게 주어진 조건이다. 경제학의 합리성은 이를테면 내 이익이나 효용을 목적함수로 삼고 거기에 별다른 제약조건을 붙이지 않은 최적화 문제다.

최적화 문제의 간단한 예를 숫자와 그래프로서 알아보자. 당신

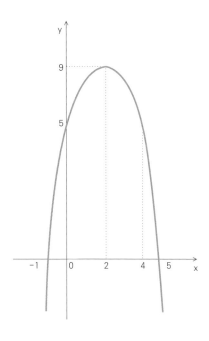

은 x의 함수 f(x)를 최대화하려고 한다. x는 당신이 바꿀 수 있는 입력값이다. 즉 당신의 목적함수는 f(x)다. f(x)는 x의 이차함수로 주어져 있다. 보다 구체적으로 f(x)는 $-x^2+4x+5$와 같다.

이어 x는 모든 값이 허용되지 않고 0부터 4까지의 실수값만 허용된다. x가 0보다 크거나 같고 4보다 작거나 같다는 조건이 바로 제약조건이다. 목적함수와 제약조건이 명시되었으므로 최적화 문제가 구성되었다. 위 f(x)를 y로 놓고 x-y 좌표평면에 나타내면 아래 그림처럼 그려진다. 목적함수 f(x)의 최대값은 x가 2일 때 얻어진다. 그때의 최대값은 9다.

이제 에르고드 경제학의 첫째 원리를 정의할 때가 되었다. 지금까지는 에르고드 경제학이 이런 것일 거라는 암시만 있었다. 기존 경제학의 한계를 미루어 에르고드 경제학에 포함될 리 없는 내용을 짐작하기가 불가능하지는 않다. 하지만 보다 분명하게 그 원리를 선언하는 편이 낫다.

에르고드 경제학은 호모 에코노미쿠스를 폐기하고 그를 대신할 새로운 인간상을 구상할 것을 요구한다. 에르고드 경제학은 그러한 새로운 인간상을 하나의 기준으로 제시하는 어리석음을 범하지 않으려 한다. 에르고드 경제학이 본바탕으로 삼으려는 개념은 다양성이다.

보다 수학적으로 표현하자면 에르고드 경제학의 목적함수는 더 이상 나의 이익이나 효용만으로 구성될 수 없다. 목적함수에서 내 이익과 효용을 빼야 한다고 말하지는 않는다. 여전히 내 이익과 효용을 따질 수 있다. 그러나 그것만 따지겠다는 건 허용되지 않는다. 그것만 따지려고 한다면 그건 소시오패스가 되겠다는 선언이나 다름없다.

최적화에서 여러 개의 목적함수를 가지는 일이 가능할까? 실제로 가능하다. 여러 개의 목적함수를 동시에 최적화하는 일명 '벡터 최적화'라는 분야가 정립되어 있을 정도다. 엔지니어링에서 벡터 최적화는 흔한 일이다.

경제는 그렇지 않다고 생각하는 독자가 있을 것 같다. 그런 선입관에 빠져 있는 독자를 위해 경제에서도 벡터 최적화가 자연스러운 예를 들어 보겠다.

금융은 경제의 커다란 부분 집합이다. 금융이 경제와 무관하다는 주장을 할 사람은 없을 것이다. 금융에서 첫 번째로 배우는 이론이 캘리포니아 샌디에이고대학의 해리 마코위츠가 만든 현대포트폴리오이론이다. 현대포트폴리오이론은 여러 개의 자산이 담긴 포트폴리오를 어떻게 최적화할지를 다루는 내용이다.

마코위츠는 투자자가 두 가지를 동시에 신경 쓴다고 생각했다. 하나는 자산의 기대 수익률이고 다른 하나는 기대 수익률의 표준편차다. 마코위츠에 따르면 전자는 이익의 크기를 대표하고 후자는 손실 가능성, 즉 리스크의 크기를 대표한다. 합리적인 투기자라면 전자는 최대로 만들고 싶고 후자는 최소로 만들고 싶다.

마코위츠는 기대 수익률이 같다면 투자자는 기대 수익률의 표준편차를 최소화하려 하고 기대 수익률의 표준편차가 같다면 투자자는 기대 수익률을 최대화하려 한다고 가정한 상태에서 자신의 이론을 세웠다. 달리 말해 현대포트폴리오이론은 기대 수익률과 기대 수익률의 표준편차라는 두 가지 목적함수를 가지는 최적화 이론이다. 그것은 일방적으로 기대 수익률만 최대로 높이려는 관점이 아니다. 마코위츠가 댄치그의 지도를 받아 현대포트폴리오이론을 수립했다는 사실은 상대적으로 덜 알려져 있다.

그렇다면 에르고드 경제학이 가져야 할 목적함수에는 어떤 것이 있을까? 그것은 여러분이 어떤 사람이냐에 달렸다. 모든 사람이 삶에서 똑같은 목표를 가져야 할 이유는 없다. 어떤 사람은 아픈 사람을 낫게 하고 싶고 또 어떤 사람은 못 배운 사람에게 배움을 전해 주고 싶다. 사람마다 자신의 고유한 목표를 추구하면서 동시에 돈도 벌어 보겠다는 생각은 에르고드 경제학의 목적으로 충분하다.

에르고드 경제학의 목적이 목적함수가 아닌 제약조건에서 드러나는 일도 생각해볼 수 있다. 돈을 벌기는 하되 지구 환경이 망가지지 않는 범위 안에서 벌겠다는 시도는 기존 경제학이 나 몰라라 하던 생각이다. 혹은 돈을 벌더라도 협력업체나 직원을 끝까지 쥐어짜지 않도록 제약조건을 붙이겠다는 생각도 해 봄직하다. 완벽하게 이상적이지는 않을지언정 소시오패스의 경제학에서 탈출하는 최소한의 출발점이 될 만하다.

오해가 있을까봐 미리 말하자면 이익 이외의 목적함수를 설정했다고 해서 저절로 에르고드 경제학이 되지는 않는다. 추가된 목적함수를 임의의 계산을 통해 다시 돈으로 환산하면 그것은 결과적으로 기존 경제학과 다르지 않다. 가령, 환경의 손실이 1조 원이지만 버는 돈이 1.1조 원이라면 호모 에코노미쿠스는 주저하지 않고 일을 저질러 버린다. 에르고드 경제학은 이익이나 돈으로 환산될 수 없고 환산해서도 안 되는 별개의 차원이 존재함을 인정하는 데서 시작된다.

20세기 초반의 미국 언론인 헨리 루이스 멘켄은 "모든 복합적인 문제에는 분명하고, 단순하고, 그리고 틀린 답이 있다"는 말을 한 사람으로 유명하다. 실제로 그가 한 말은 다음처럼 좀 더 뉘앙스가 있다.

"설명은 존재합니다. 그것들은 언제나 있어 왔어요. 모든 인간의 문제에는 언제나 잘 알려진 해결책이 있습니다. 깔끔하고, 그럴듯하고, 그리고 틀린 해결책이지요."

확실히 경제학의 합리성은 깔끔하고 그럴듯하다.

애덤 스미스는 사리사욕과
자신의 염려를 분명하게 구별했다_____

앞에서 예고했듯이 이번에는 경제학의 시조 애덤 스미스를 다시 살펴보려 한다. 스미스가 쓴『국부론』, 즉『국가가 가진 재부의 본성과 원인에 대한 탐구』는 진정한 의미에서 고전이다. 고전, 즉 클래식은 모두가 제목은 들어봤지만 막상 직접 읽어본 사람은 드문 책이기 쉽다. 가령, 윌리엄 셰익스피어의『햄릿』이나 레프 니콜라예비치 톨스토이의『전쟁과 평화』, 그리고 조지 오웰이라는 필명을 사용한 에릭 아서 블레어의『1984』는 누구나 들어본 고전 중의 고전이지만 막상 끝까지 읽은 사람은 별로 없다.

게다가 앞에서 우리는 아들 멩거가 라플라스의 책을 잘못 읽어 경제학을 온통 뒤죽박죽으로 만들어 놓았음을 보았다. 작은 가능성이지만 스미스의 글에 경제학이 이야기하지 않는 뉘앙스가 있을 수 있다는 뜻이다. 뉴기니의 얄리도 자기가 화물교의 반신이 될 줄은 미처 몰랐다. 화물교의 제사장이 설교하는 얄리의 어록이 아니라 진짜 얄리가 했던 말을 들어야 하는 이유다.

스미스의 원전 읽기에 앞장서는 대표적인 인물은 애리조나대학의 버논 스미스다. 그는 실험경제학이라는 분야의 창시자였다. 실험경제학은 경제에 관한 사람들의 의사결정이 경제학의 이론과 정말로 일치하는지를 구체적인 실험을 통해 확인하는 작업이

에르고드 이코노미

다. 앞서 언급한 행동경제학이 등장할 수 있었던 배경에 바로 버논 스미스가 실험경제학으로 닦아 놓은 길이 있었다.

그는 보통의 경제학자와 다른 면이 있었다. 그는 소련 출신인 바실리 레온티에프에게 박사학위를 받았다. 레온티에프는 소련을 탈출해 독일에서 박사학위를 받은 후 하버드대학에 자리 잡았는데 1장에 나왔던 로버트 솔로의 박사학위 지도교수기도 했다. 하지만 스미스의 학부 전공은 경제학이 아닌 전기공학이었다. 캘리포니아기술원을 졸업한 스미스는 2002년 스웨덴중앙은행상을 받았다.

2019년에 나온 버논 스미스의 책『휴머노믹스』는 그러한 애덤 스미스 다시 읽기의 결과물이다. 책의 제목으로 선택된 휴머노믹스라는 단어에서 버논의 생각을 이미 엿볼 수 있다. 휴머노믹스는 말 그대로 사람을 살리는 지식이다. 캐나다에서 휴머노믹스는 발생한 이익을 공동체에 재투자하는 전국적인 캠페인을 의미했다. 버논의 책 제목이 마음에 들었던 일리노이 시카고대학의 디드러 매클로스키는『휴머노믹스를 더 좋게 만들기』*라는 책을 쓰기도 했다.

애덤 스미스를 이해하려면 먼저 그가 살던 시대를 알 필요가

---

* 한국어판 제목은『휴머노믹스』(세종연구소, 2022)이다.

있다. 스미스가 살았던 1723년부터 1790년까지 영국은 안과 밖으로 좌충우돌이었다.

1754년 북아메리카를 놓고 프랑스와 전쟁에 돌입했고 1756년 갑자기 프로이센의 동맹이 되어 오스트리아, 러시아, 프랑스를 모두 적으로 돌리며 7년 전쟁에 뛰어들었다. 또 영국은 아프리카에서 무기와 화약을 판 돈으로 아프리카 사람들을 노예로 사서 서인도제도의 사탕수수 농장에 팔고 설탕을 사가는 삼각무역으로 돈을 벌었다. 아프리카에 파는 무기는 영국 어린이들과 노동자들을 하루에 16시간씩 일하게 만들어 얻은 결과였다. 말하자면 일하는 사람과 돈 버는 사람이 따로 있었다. 다시 말해 산업혁명이 시작되면서 영국 국내의 혼돈이 더해가던 때였다.

스미스는 혼란한 사회가 완전히 무질서해지지 않을 방법을 찾고 싶었다. 그럴 만한 이유가 있었다. 그는 기본적으로 글래스고 대학의 도덕철학 교수였다. 스미스는 사회가 어떻게 파편들로 조각나지 않고 하나로 지탱되는지를 설명하려고 했다. 1759년에 나온 그의 첫 번째 책 『도덕감정론』은 그러한 고심의 산물이었다.

『도덕감정론』의 도덕감정은 영어로 모럴 센티먼츠moral sentiments다. 다시 강조하지만 스미스가 책을 쓰던 시기의 모럴과 센티먼트라는 단어는 오늘날 우리가 이해하는 뜻과 상당히 거리가 있다. 현시대에 감정이라는 뜻을 대표는 영어는 이모션emotion이다. 이모

에르고드 이코노미

선과 감정은 둘 다 '행복하고, 싫고, 겁나고, 탐나는' 등의 동물 같은 마음의 상태를 가리킨다. 달리 말해 이모션에 이성은 없다.

반면 스미스 시대의 센티먼트는 단순한 감정이 아니었다. 19세기에 영어의 비슷한 말과 반대말 사전을 쓴 찰스 존 스미스는 센티먼트를 '심장과 정신의 것'이라고 설명했다. 심장이 오늘날의 감정이라면 정신은 오늘날의 이성이다. 여기서 정신으로 옮겼지만 원래 영어 단어 마인드^{mind}에는 지성이나 기억력을 나타내는 머리의 뜻도 있었다.

모럴도 사정은 비슷하다. 오늘날 모럴이라는 단어는 단순히 도덕으로만 이해되지만 스미스 시대의 모럴은 물리세계와 대비되는 정신세계를 대표하는 단어였다. 일례로, 배가 암초에 부딪힐 가능성이 물리적 위험요소라면 배를 일부러 난파시켜 보험금을 사기칠 가능성이 정신적 위험요소, 즉 모럴 해저드$^{moral\ hazard}$였다. 그 모럴 안에는 욕심과 같은 감정과 이익을 계산하는 합리성, 그리고 선과 악을 판단하는 양심의 부재 등이 다 섞여 있었다.

『도덕감정론』을 통해 스미스가 먼저 주목한 대상은 경제적 이익과 무관한 행위였다. 가족과 친구는 물론이거니와 대가를 바라지 않고 타인과 낯선 이를 기꺼이 도우려는 사람의 모습은 그럴 만한 이유가 있을 터였다. 스미스는 사람 사이의 "도움이 상호성에 기반해 애정, 우정, 존경 등으로부터 제공될 때 사회가 번영하고 행복해진다."고 썼다.

상대방의 처지를 상상하여 그의 감정을 같이 느끼는 심퍼시 sympathy, 즉 공감은 동물은 가질 수 없는 인간의 고유한 특성이다. 스미스는 공감과 같은 '정신세계의 심장과 머리'가 감정과 이성 사이를 연결 짓는 필수불가결한 다리라고 생각했다. 하지만 그는 공감이 저절로 나타난다고 믿지는 않았다. 그것은 서로간에 지켜야 하는 규칙을 배움으로써 나타날 수 있다.

스미스의 심퍼시는 사실 황금률과 멀지 않다. 황금률은 신약성서 마태오복음서 7장 12절의 "그러므로 남이 너희에게 해 주기를 바라는 그대로 너희도 남에게 해 주어라"다. 결론적으로 『도덕감정론』은 타인과의 교류에서 다른 사람의 처지를 헤아리지 않을 수 없다는 핵심 메시지를 지녔다.

가장 중요하다고 생각한 주제를 먼저 다룬 스미스는 아직 건드리지 않은 소소한 주제도 다룰 필요를 느꼈다. 스미스는 자기보다 열두 살 많은 데이비드 흄과 교류하며 이익이 걸린 교환과 이익과 무관한 베풂의 구별을 접했다. 흄은 이익이 걸린 교환, 즉 시장의 거래는 상호간에 존중되는 규율의 틀 안에서 작동한다고 봤다. 스미스가 자기 모국의 재부를 이익이 걸린 교환의 관점에서 설명한 결과가 『국부론』이었다.

『국부론』을 이야기하기에 앞서 이 책에서 재부財富로 옮긴 영어 단어 웰스^{wealth}를 잠깐 둘러보겠다. 웰스는 그리스어나 라틴어에서 유래되지 않은 순수한 영어다. 13세기 중반에 처음으로 영어 문헌에 나타난 웰스는 원래 안녕한 상태 혹은 행복을 뜻하는 단어였다. 웰스의 웰은 '바라다, 빌다'의 뜻을 가진다. 건강을 뜻하는 단어 헬스^{health}가 당시 이미 사용되던 터라 철자 상의 비슷함을 의식하여 웰스라는 단어가 만들어졌다. 즉 웰스는 본래 물질적 재산보다 추상적인 개념이었다.

이제 저 유명한 '보이지 않는 손'을 찾아볼 때다. 『국부론』에서 보이지 않는 손이 딱 한 번 나온다는 이야기는 이미 들어가는 말에서 했다. 달리 말하면 스미스가 그런 말을 했을지언정 그것만을 얘기하기 위해 『국부론』을 썼을 것 같지는 않다는 의미다. 실제로 『국부론』을 읽어보면 스미스의 관심사는 시장보다는 국가의 재부 그 자체였다.

스미스는 보이지 않는 손이라는 표현을 좋아했던 것 같다. 스미스가 죽은 후 그가 남긴 글을 모아 출간된 유고집에 포함된 '천문학 역사'라는 글에 "목성의 보이지 않는 손"이라는 표현이 나온다. 한 세기 전에 아이작 뉴턴이 밝혀낸 천체의 끌어당기는 힘을 가리키는 용도였다.

더 중요한 사실은 보이지 않는 손이라는 말을 『국부론』 이전에 스미스가 이미 사용했다는 점이다. 『국부론』은 1776년에 출간된

바, 1759년에 나온 스미스의 첫 번째 책 『도덕감정론』에도 보이
지 않는 손이 한 번 나온다. 그 구절은 아래와 같다.

"그들(부자들)은 보이지 않는 손에 이끌려 삶의 필수품을 (자신과)
거의 같은 수량으로 (가난한 사람들에게) 분배하게 된다. …… 그래
서 의도한 적 없고 알지도 못한 채로 사회의 이익을 전진시키고
(인류) 종족 증식의 수단을 제공한다."

말하자면 스미스에게 보이지 않는 손은 시장만이 아니었다.
『도덕감정론』의 주제를 감안컨대 보이지 않는 손은 공감과 같은
도덕감정이라는 해석이 더 근본적이었다. 『국부론』에 나오는 보
이지 않는 손은 『도덕감정론』을 거의 그대로 반복한 결과였다.

『국부론』의 다른 부분을 읽어보면 스미스가 경제에 대해 어떤
생각을 가졌는지를 깨닫게 된다. 『국부론』의 첫 번째 문장은 "한
나라 국민의 연간 노동은 그들이 연간 소비하는 생활필수품과 편
의품 전부를 공급하는 원천"이라고 선언한다. 달리 말해 스미스
에게 국가의 재부는 국민 모두가 소비하는 생활필수품과 편의품
이고 그러한 재부의 원천은 국민 모두의 노동이었다.

그러한 관점에서 스미스는 수입이 국가를 더 부유하게 만든다
고 봤다. 왜냐하면 싸게 물건을 수입해온 만큼 다른 필수품과 편

의품을 더 많이 누릴 수 있기 때문이었다. 구체적으로 스미스는 스코틀랜드가 유리 온실을 지어 포도를 길러 포도주를 만들 수 있지만 프랑스 포도주를 수입해 마시는 것보다 30배의 비용이 들 거라고 지적했다. 즉 그에게는 모든 국민이 누리는 경제적 웰빙이 곧 국부였다.

결정적으로 일반적인 믿음과 달리 스미스는 사리사욕을 말하지 않았다. 보이지 않는 손 표현 뒤에 곧바로 따라 나오는 문장은 "○○을 추구하는 개인은 공공의 이익을 실제로 고취하려는 사람보다 더 효과적으로 사회 전체의 이익을 빈번히 고취한다"였다. 여기서 ○○은 바로 오운 인터레스트$^{own\ interest}$였다. 즉 그것은 사익추구나 이기심에 해당하는 셀프 인터레스트$^{self\ interest}$가 아니었다.

사익추구가 경제학의 합리성과 같은 것이라면 오운 인터레스트는 공감에 기반한 '자신의 염려'였다. 그것은 자기만 위하는 이기심이 아니라 남도 헤아리는 사려를 포함하는 것이었다. 1755년에 새뮤얼 존슨이 출간한 영어 사전은 인터레스트의 첫 번째 뜻으로 '염려, 관심사'를 들었다. '금전적 이익'이라는 뜻은 네 번째에 나온다.

자신의 염려를 위하는 상거래에서 자기 이익을 다른 사람의 이익 위에 두는 일은 스미스 때나 지금이나 이기심을 의미한다. 자신의 염려를 챙기지만 다른 사람의 처지도 신경 써야 한다는 것이 스미스의 일관된 주장이었다. 스미스는 오운 인터레스트와 구별되는 이기심을 나타내기 위해 셀피시selfish라는 단어를 여러 번 사용했다.

스미스는 1773년 영국 왕립학회의 회원으로 선출되었다. 그로부터 3년 뒤에 출간될 『국부론』이 선출에 기여한 부분이 없음은 당연했다. 스미스 본인에게 『국부론』과 『도덕감정론』 중 어느 책이 더 소중했을까? 1790년 스미스는 죽으면서 자신의 묘비명을 "『도덕감정론』을 쓴 사람"으로 해달라고 했다.

ESG와 임팩트 투자의 등장이 놀랍지 않은 이유는 무엇일까_____

경제 영역에서 21세기를 20세기와 구별 짓게 하는 하나의 현상은 바로 ESG의 등장이다. 20세기에도 비슷한 시도가 아예 없지는 않았지만 거의 주목을 받지 못하고 시들해지곤 했다. 그때를 기억하는 사람들에게 요즘의 추세는 놀라운 일이다.

ESG는 회사를 평가할 때 환경, 사회, 지배구조도 중요하게 보겠다는 관점이다. ESG라는 단어가 바로 환경Environmental, 사회Social, 지배구조Governance를 뜻하는 영어 단어의 앞 글자를 모아 만든 두문자어다. 쉽게 말해 이전에 중요하게 여겼던 회사의 순이

익이나 주가 말고도 이러한 사항도 중요하게 보겠다는 선언인
셈이다.

이러한 ESG는 기존 경제학으로는 설명이 되지 않는 영역이다.
경제 활동을 하면서 이익 이외의 목표를 가진다는 게 있을 수 없
기 때문이다. 에르고드 경제학이라면 다르다. 이익 이외의 목표나
조건이 있다는 사실이 에르고드 경제학에 속함을 증명한다. 즉 에
르고드 경제학의 세상은 이미 허황된 판타지가 아닌 현실이다.

2019년 8월 19일, 미국의 주요 기업 최고경영자들이 워싱턴
DC에 모였다. 매년 열리는 비즈니스라운드테이블에 참가하기 위
해서였다. 1972년에 생긴 비즈니스라운드테이블은 정치권을 상
대로 미국 기업의 이해관계를 로비하는 협회로 우리나라의 경총
(한국경영자총협회)과 비슷한 단체다. 비즈니스라운드테이블의 역
대 회장은 알코어, 제네럴모터스, 듀퐁, 엑손 등의 최고경영자가
지냈다. 현재 회장인 더그 맥밀런도 유통 공룡 기업인 월마트의
최고경영자다.

비즈니스라운드테이블은 지난 50년간 많은 일을 해왔다. 1975
년 반독점법의 통과를 무산시켰고 1977년 환경운동가 랠프 네이
더의 소비자보호청 설립안도 없던 일로 만들었다. 1980년대와 90
년대에는 기업의 이사회와 경영진에 보다 무거운 책임을 지우는
기업지배구조 개선안을 휴지조각으로 만드는데 성공했다.

그랬던 그들이 2019년에 인상적인 선언문을 발표했다. 기업의 목적을 새롭게 정의하는 선언문이었다. 비즈니스라운드테이블은 1997년 이래로 일명 주주자본주의를 기업의 사명으로 선언해왔다. 주주자본주의란 기업은 주주stockholder의 이익에 종사하기 위해 존재한다는 개념이었다. 그러한 주주자본주의를 대신해 이제부터는 이해관계자stakeholder에게 헌신하겠다는 것이었다. 새 선언문은 이해관계자로 소비자, 직원, 협력업체, 공동체, 그리고 주주를 나열했다.

새로운 선언문에 서명한 사람은 181명에 달했다. 아마존의 제프 베이조스, 애플의 팀 쿡, 제네럴모터스의 매리 바라, 듀폰의 에드 브린, 골드만삭스의 데이비드 솔로몬, 제이피모간의 제이미 다이먼 등을 망라하는 명단이었다.

그 뒤로 무슨 일이 벌어졌을까? 크게 눈에 띄는 일은 없었다. 선언문에 개인 자격으로 서명은 했지만 실제로 이전과 크게 다르지 않은 방식으로 기업이 운영되는 일이 흔했다. 새로운 방침을 이사회가 승인하지 않는 한 선언문은 공염불이기 쉬웠다. 서명한 사람들 거의 대부분은 서명 전에 이사회에 문의도 하지 않고 서명했다. 그래서 캘리포니아 버클리대학의 로버트 라이시는 비즈니스라운드테이블의 새 선언문을 그저 사기라고 여긴다.

그럼에도 희망은 여전히 우리 곁에 있다. 말이 바뀌면 세상이 바뀔 수 있기 때문이다. 즉 대기업의 공허한 홍보일지언정 세상에 퍼진 말은 쉽게 주워 담지 못한다. 또 하버드로스쿨의 루시언 뱁척의 주장처럼 ESG가 최고경영자가 무지막지한 보너스를 타 가는 또 다른 수단일지는 몰라도 그래서 다시 주주자본주의가 판치는 20세기로 퇴화할 수는 없는 노릇이다.

희망의 다른 징조도 있다. 바로 임팩트 투자다. 임팩트 투자의 임팩트는 소셜 임팩트$^{social\ impact}$를 줄인 말이다. 소셜 임팩트란 사회에 가하는 선한 충격을 말한다. 소셜임팩트센터는 소셜 임팩트를 "어떤 행위가 공동체와 개인 및 가정의 안녕과 복지에 미치는 순효과"라고 정의한다. 펜실베이니아대학의 피터 프룸킨은 이를 "복합적인 사회 문제를 해결하고 그 과정에서 공공의 가치를 창조하는 모든 노력"으로 설명한다.

임팩트 투자는 사회에 선한 충격을 주려는 시도에 자본을 대는 일이다. 즉 선한 충격을 목표하는 스타트업을 찾아내고 키우는 행위다. 임팩트 투자는 벤처 자선$^{venture\ philanthropy}$과 비슷해 보이지만 똑같지 않다. 경제적 이익 이외의 목표가 있다는 점에서 둘은 공통점이 있다. 하지만 벤처 자선은 행위 자체의 지속가능성을 생각하지 않는 반면 임팩트 투자는 일정 수준의 재무적 성과도 가져감으로써 지속가능성을 확보하려 한다.

임팩트 투자의 상징적인 인물은 1945년 이집트에서 태어난 로

널드 코헨이다. 열세 살 때 가족과 함께 정치적 박해를 피해 영국으로 이주한 코헨은 이후 옥스퍼드대학과 하버드비즈니스스쿨을 거쳐 1972년 멀티내셔널매지니먼트그룹을 세웠다. 그의 나이 28살 때였다. 멀티내셔널매니지먼트는 1977년 패트리코프와 합병해 영국 최초의 벤처캐피털회사인 에이팩스파트너스가 되었다. 2022년 기준 그간 에이팩스가 설정한 펀드의 규모는 70조 원이 넘는다.

코헨은 2000년 영국 재무부의 초청을 받아 사회적 투자 태스크포스의 회장이 되었다. 또 2002년에는 재무적 수익과 사회적, 환경적 혜택을 함께 추구하는 브리지스벤처스를 세웠다. 임팩트 투자라는 용어는 2007년에 처음 등장했지만 실제의 임팩트 투자회사는 그보다 앞선 2002년에 생겼다는 뜻이다.

코헨은 브리지스벤처스의 임팩트 투자를 가리켜 모럴 머니^{moral money}라고 부른다. 모럴이라는 단어를 선택한 코헨의 머릿속에 스미스의 『도덕감정론』이 있었음은 말할 필요도 없다.

4장

에르고드 경제학의 시간:
단기적 이익이 아닌
장기적 성장의 극대화

19세기 크레디모빌리에와
21세기 제네럴일렉트릭의 공통점은 뭘까_____

19세기의 크레디모빌리에와 21세기의 제네럴일렉트릭 사이에는 하나의 공통점이 있다.

제네럴일렉트릭은 20세기를 대표하는 회사다. 이는 1889년 존 피어폰트 모건이 토머스 에디슨이 세웠던 여러 회사를 합병해 만든 에디슨제네럴일렉트릭의 후신이다. 이후 문어발식 확장을 통해 방송, 발전, 가전, 항공기 엔진, 컴퓨터, 금융 등으로 영역을 넓혔다. 그 결과 20세기 후반에는 전세계에서 시가총액이 가장 큰 회사로 이름을 떨쳤다.

당시 20년간 회장을 지낸 잭 웰치는 업계 1, 2등이 아니면 회사를 매각하거나 문을 닫는 전략으로 10만 명 이상의 직원을 해고했다. 그는 경제계에서 "경영의 달인"이나 "세기의 경영인"이라는 호칭으로 칭송을 받았다.

그러나 그에게는 또 다른 별명이 있었다. "중성자 잭"이었다. 여기서 중성자는 당시 미국이 개발한 핵무기 중성자탄을 가리키는 말이었다. 중성자탄은 다른 핵폭탄과 달리 적의 탱크는 망가트리지 않으면서 그 안에 탄 사람만 죽이는 무기였다. 웰치가 문을 닫게 한 회사 건물은 그대로 남아 있는데 거기서 일하던 직원들은 중성자탄을 맞은 것처럼 싹 전멸됐다는 의미였다.

반면 크레디모빌리에는 대다수 독자에게 낯설게 들린다. 발음으로 미루어 프랑스 은행인가 하고 짐작할 사람도 있을 것 같다. 실제로 크레디모빌리에는 1852년에 설립된 프랑스의 은행이다. 보다 정확한 이름은 소시에테제네랄 드 크레디모빌리에다. 그 뜻은 '동산을 담보로 신용을 제공하는(즉 돈을 빌려주는) 일반회사'다. 프랑스어 모빌리에^{mobilier}는 땅이나 건물처럼 옮길 수 없는 자산, 즉 부동산의 반대되는 개념인 동산을 가리킨다.

크레디모빌리에를 세운 사람은 에밀 페레르와 이삭 페레르 형제다. 페레르 형제는 19세기 유럽에서 국가를 쥐락펴락하는 일명 오트 피낭스$^{haute finance}$, 즉 상층부 금융을 주름잡던 재계의 거물이었으며 로스차일드 일가의 강력한 도전자기도 했다. 철도, 은행, 지하철, 가로등, 해운, 호텔, 포도주 양조장, 항만, 부동산, 손해보험, 창고, 광산, 조선을 망라한 페레르 형제의 비즈니스는 1867년 형제가 크레디모빌리에 지배권의 포기를 강요 당하면서 내리막을 걸었다.

페레르 형제의 제국은 이후 공중분해됐다. 크레디모빌리에는 여러 차례의 피인수와 합병을 거친 끝에 현재 프랑스 은행 소시에테제네랄의 자은행인 크레디 드 노르의 일부가 되었다. 크레디모빌리에의 유산은 그래도 파리에 가면 쉽게 확인할 수 있다. 파리 오페라역에서 가까운 파리 리츠호텔이 바로 크레디모빌리에의 본점이었다. 파리 리츠호텔은 2층 스위트룸에 34년간 살았던 패션 디자이너 코코 샤넬이 "리츠는 내 집이야."라고 말할 정도로 세계에서 가장 화려한 호텔 중 하나로 꼽힌다.

'재벌처럼 부귀와 영화를 누리다가 사세가 기운 것이 공통점일까?'하고 생각했다면 여러분은 꽤 경제계의 소식에 밝은 편이다. 하지만 답은 아니다. 문제를 낸 출제자의 의도가 다른 곳에 있기 때문이다.

이야기를 이어 가기 위해 대서양 건너 미국으로 가보자. 미국의 내전인 남북전쟁(1861~1865년)이 한창이던 시절, 미국의 링컨 대통령은 대륙횡단철도를 건설하는 법안에 서명했다. 중서부에서

● ─ 토머스 힐의 그림 『마지막 쇠못』. 동과 서에서 출발한 두 철도가 험난한 공사 끝에 유타주에서 만났다. 철도가 완공되었을 때는 이미 남북전쟁도 끝나 있었다.

태평양까지 미국의 광활한 서부를 관통하는 새로운 철도 노선을 신설하여 동부의 철도망과 잇는다는 계획이었다. 1862년에 태평양철도법이 통과되고 연방태평양철도회사(유니온퍼시픽)가 설립되었다. 연방태평양철도회사는 미국 중서부의 네브래스카 오마하에서 공사를 시작하여 서쪽 방향으로 철도를 놓아야 했다. 그 반대편인 태평양 연안에서는 중부태평양철도회사(센트럴퍼시픽)가 캘리포니아 새크라멘토에서 동쪽 방향으로 철도를 놓으면서 왔다. 두 회사는 경쟁적으로 철도를 건설하였고, 양방향에서 건설된 두 철도는 1869년 마침내 중간 지점인 유타의 프로몬토리에서 만났다. 토머스 힐의 1881년 그림 『마지막 쇠못The Last Spike』은 바로

에르고드 이코노미

이때의 일을 소재로 했다.

연방태평양철도회사가 건설한 철도는 미국 중서부의 네브래스카 오마하에서 미국 서부의 유타 프로몬토리까지 연결되는 노선이었다. 철도의 길이는 서울과 부산 사이의 직선 거리를 네 번 이상 왕복해야하는 총 2820킬로미터에 달했다. 철도 건설의 전망은 어두웠다. 철도가 지나갈 땅에는 여전히 다수의 인디언 원주민이 살고 있었고, 이들과의 무력 충돌은 필연이었다. 철도 건설 이후에 일어난 일이긴 하지만 실제로 1876년 암스트롱 커스터 중령이 지휘하던 7기병연대는 수우와 샤이엔 부족에게 함부로 싸움을 걸었다가 전멸되었다. 게다가 철도 예정지 주변에 커다란 도시도 없었다. 즉 철도가 놓여도 기차를 이용할 사람이나 화물이 드물었다.

그럼에도 불구하고 미국 의회와 연방정부는 대륙횡단철도 건설을 밀어붙였다. 이 철도가 놓이게 되면 미국 대륙을 하나의 경제권으로 묶는 효과를 기대할 수 있었다. 또 철도를 따라 사람들이 모여 살게 되면 도시도 알아서 생길 터였다.

의회는 연방정부가 연방태평양철도회사에 돈을 빌려 주고 철도 부지도 무상으로 제공해주도록 승인했다. 연방태평양철도회사가 철도를 놓는 동안에는 손실을 입지만 나중에 철도를 운영하면서 돈을 벌도록 하는 계획이었다. 단 철도 건설비는 연방정부가 연방태평양철도회사가 청구하는 대로 보상해주기로 했다.

여기서 크레디모빌리에가 등장한다. 연방태평양철도회사는 1864년 크레디모빌리에와 계약을 맺고 철도 건설을 맡겼다. 크레디모빌리에가 유럽에서 철도로 유명하다는 사실은 미국에서도 낯설지 않았다.

1872년 『더뉴욕선』은 연방태평양철도를 다룬 특집 기사를 실었다. '사기의 왕: 크레디모빌리에는 어떻게 수지가 맞도록 의회를 매수했나'라는 자극적인 제목의 기사였다.

나중에 밝혀진 바, 크레디모빌리에는 연방태평양철도회사로부터 철도 건설비로 9,465만 달러, 즉 약 1,140억 원을 청구해 받아갔고 연방태평양철도회사는 그 돈을 고스란히 연방정부로부터 받았다. 그런데 크레디모빌리에가 실제로 철도 건설에 쓴 돈은 5,072만 달러, 즉 약 609억 원에 불과했다. 이것만 놓고 보면 크레디모빌리에가 실제 건설비의 90퍼센트에 육박하는 폭리를 취하긴 했지만 연방태평양철도회사의 잘못이라고 이야기하기는 어려웠다.

진실은 그게 전부가 아니었다. 연방태평양철도회사와 계약을 맺은 크레디모빌리에는 1864년 초까지는 펜실베이니아재정회사라고 불리던 곳이었다. 이를 산 사람이 미국에 새로 생긴 유한책임회사의 법규가 적용되도록 만들면서 이름을 크레디모빌리에로

바꾼 것이었다. 즉 그것은 페레르 형제와 아무런 관련이 없는 유령 회사였다. 미국 크레디모빌리에의 주주는 연방태평양철도의 주주와 같았다.

미국 크레디모빌리에는 친구도 많았다. 연방태평양철도회사를 지배하던 옥스 에임스는 미국 크레디모빌리에의 주식을 친구들에게 싼 값에 쥐어줬다. 연방태평양철도회사와 미국 크레디모빌리에의 이익이 그들의 이익도 되도록 하기 위함이었다. 에임스는 당시 공화당 소속 미국 연방하원의원이었다. 미국 크레디모빌리에 주식을 받은 에임스의 친구들은 공화당 소속 미국 연방상원의원과 하원의원들이었다. 그중에는 당시 부통령이었던 스카일러 콜팩스와 1873년 율리시스 그랜트가 대통령으로 재선될 때 새로 부통령이 된 상원의원 헨리 윌슨, 그리고 1881년에 대통령으로 취임했다가 여섯 달 만에 암살된 제임스 가필드가 포함되었다.

윌슨의 사례는 좀 더 자세히 언급할 고전적 가치가 있다. 그는 미국 크레디모빌리에의 주식을 산 돈이 사실은 자기 부인의 돈이라고 주장했다. 다만 매입한 후 부인의 마음이 바뀌어 자기가 어쩔 수 없이 주식을 떠맡게 됐다고 해명했다. 결정적으로 윌슨의 부인은 1870년에 죽은 저세상 사람이었다. 미국 상원과 법무부는 윌슨의 해명을 받아들였다.

그렇다면 21세기의 제네럴일렉트릭에는 무슨 일이 생겼을까?

2019년 8월 해리 마코폴로스라는 회계사는 제네럴일렉트릭의 회계 부정을 공개적으로 지적했다. 그는 제네럴일렉트릭의 회계 부정이 미국 역사상 가장 큰 회계 부정 사건의 주인공이었던 엔론보다 클지도 모른다고 했다. 엔론의 파산으로 발생한 주식 시가총액의 손실은 13조 원인 반면 제네럴일렉트릭이 재무제표에 나타내지 않고 숨기고 있는 손실의 규모는 46조 원 정도라는 분석이었다.

다른 사람이라면 몰라도 마코폴로스의 고발은 가볍게 넘길 것이 아니었다. 그는 2000년, 2001년, 2005년, 2007년에 미국 증권거래소위원회에 한 증권사가 폰지 사기를 벌이고 있다고 고발한 인물이었다. 폰지 사기란 1920년대 비현실적인 수익을 약속해 끌어 모은 돈으로 기존 투기자에게 수익을 안겼던 찰스 폰지의 다단계 사기 수법이었다.

증권거래소위원회는 마코폴로스의 고발을 가볍게 넘겼다. 마코폴로스가 지목한 증권사는 나스닥의 가장 큰 시장조성자인데다가 뉴욕증권거래소에서 여섯 번째로 큰 시장조성자였다. 단적으로 그 증권사의 설립자가 미국증권업협회장이었다. 미국증권업협회는 증권시장의 시장조성자인 증권사를 자율적으로 감독한다는 기관이었다.

2008년 미국 연방수사국은 마코폴로스가 성과 없이 고발해온 증권사의 대표를 증권사기혐의로 체포했다. 고객이 맡겼던 돈 78조 원이 사라졌던 것이다. 2009년 증권사는 파산했고 대표는 150년 징역형을 선고 받았다. 고양이에게 생선을 맡긴 격이나 다름없던 그 증권사 대표의 이름은 버나드 메이도프였다. 메이도프는 2021년 감옥에서 만성 신장병으로 죽었다.

마코폴로스의 공개 고발에 대한 제네럴일렉트릭의 반응은 격렬했다. 그의 주장은 "무가치하고" "잘못된 판단이며", 자기들은 "최고 수준의 진실성으로" 사업을 운영한다는 성명서가 즉각 뒤따랐다. 도이체방크의 애널리스트 니콜 드블레즈는 9월에 낸 29페이지짜리 보고서에서 마코폴로스가 "설득력 있는 주장을 하고 있지 못하다"고 평가했다.

2020년 12월 미국 증권거래소위원회는 제네럴일렉트릭이 2억 달러, 즉 2,400억 원의 벌금을 내기로 합의했다고 발표했다. 2017년의 처음 3개 분기 동안 발전 계열사가 재무제표에 반영한 이익의 50퍼센트 가량이 금융 계열사인 GE캐피탈과의 수상한 거래에서 나왔다는 사실을 공시하지 않고 숨겼다는 사실이 확인되었다.

앞에 나온 두 회사의 사례가 극단적이라고 생각할 사람이 있을 것 같다. 노골적인 사기와 회계부정을 저질렀고 하필이면 또 발각까지 됐다는 점에서는 그럴지 모른다. 노골적이지 않은 속임수를 쓰는 때와 부정을 저질렀지만 발각되지 않는 때까지 헤아리면 그렇게 극단적이진 않다. 이러한 일을 저지르게 만드는 압력은 공히 존재한다.

비즈니스를 하면서 돈을 벌어야 함은 당연하다. 일정 수준 이상의 이익을 남기지 못하면 회사의 존속에 문제가 생긴다. 같이 일하는 사람들의 생계도 책임져야 하고 미래를 위한 준비에도 돈이 들어간다.

크레디모빌리에와 제네럴일렉트릭이 그런 절박한 형편에 놓여 있던 것은 아니었다. 시간이 지나면 꾸준히 돈을 벌 기회가 그들에게는 충분히 있었다. 문제는 그때까지 기다리고 싶지 않았다는 데 있다. 그들에게 장기적인 미래는 없는 거나 마찬가지였다. 애오라지 단기적인 이익만이 중요했다. 그들에게 의미 있는 유일한 시간은 오직 현재였다.

경제학은 단기적 관점의 이익을
계산하고 챙기라고 말한다_____

미래의 일에 눈감으며 당장 눈앞의 이익만을 챙기는 일은 상장주식시장에서 보편적인 현상이다. 얼마나 보편적이냐면 이를 일컫는 용어가 있을 정도다. 영어로 숏텀이즘short-termism이 그것이다. 한국말로 글자 그대로 옮기면 단기주의다. 조금 더 풀어서 옮기면 단기 이익 지상주의다. 위키피디아에 의하면 단기주의는 "장기적

에르고드 이코노미

인 결과와 멀리 내다보는 행동보다 즉각적인 이익과 빨리 실행되는 프로젝트 및 단기 결과를 우선시"한다.

상장주식시장의 단기주의는 다른 말로도 불린다. 이름하여 분기-자본주의다. 분기-자본주의는 상장된 회사가 주식 거래자를 위해 매 분기마다 재무제표를 공시해야 한다는 사실에서 비롯된 말이다.

사실 분기 공시가 문제의 근본 원인이라고 말하기는 쉽지 않다. 공시 주기는 경영의 투명성을 높이려는 의도에서 계속 짧아져 왔다. 가령 미국에서 재무제표와 중요사항의 공시는 20세기 초반까지 의무가 아니었다. 자기 마음대로 구워낸 숫자를 재무제표로 제시해도 회사나 경영진에게 아무런 책임이 없었다.

1920년대는 그런 엉터리 숫자가 판을 치던 시기였다. 당시를 지칭하는 '광란의 20년대'라는 표현이 결코 과장이 아니었다. 일을 하지 않고도 주가의 상승에 힘입어 흥청망청 지내는 사람이 대폭 늘었다. 광란에 빠진 사회는 거의 언제나 글에 힘이 있는 작가의 등장을 이끈다. 프린스턴대학을 중퇴한 프랜시스 스콧 피츠제럴드는 『위대한 개츠비』를 써서 당시 미국의 광란을 후대에 알렸다.

그리고는 1929년 주식시장 대폭락과 대공황이 일어났다. 완벽한 폭풍이었다. 대공황 중 미국 대통령 프랭클린 루스벨트는 미국 증권거래소위원회를 설립했다. 증권거래소위원회의 초대 의장은 그 자신이 이전에 주가 조작으로 큰 돈을 불린 조지프 케네디였다. 루스벨트는 큰 도둑으로 작은 도둑을 잡겠다는 생각이었다. 조지프 케네디는 1963년에 암살되는 미국 대통령 존 F. 케네디의 아버지기도 했다.

조지프 케네디는 어쨌거나 1934년 상장회사가 외부 회계감사인이 확인한 재무제표를 정기적으로 일반에게 공시하도록 만들었다. 당시의 공시 주기는 1년에 한 번이었다. 증권거래소위원회는 1955년 공시 주기를 반년에 한 번으로 줄였다. 이어 1970년에 현재의 석 달에 한 번으로 바꿨다. 2000년대 초반 엔론의 회계 부정이 터지자 미국 의회는 사베인스-옥슬리법을 통과시켜 분기 재무제표를 포함한 모든 주요 공시사항에 최고경영자와 최고재무책임자가 서명을 하도록 했다. 거기에 부정이 있을 경우 책임을 물리려는 의도였다.

결과적으로 공시 주기의 단축은 재무제표 숫자에 화장품을 덕지덕지 바를 기회를 네 배로 늘렸다. 예전에는 1년에 한 번만 하면 되던 것을 이제는 1년에 네 번 하지 않을 수 없게 되었다. 주식시장은 3개월마다 발표되는 분기 순이익 맞추기 놀음에 큰 돈이 오가는 도박장이나 다름없었다. 주식 애널리스트들의 전망치에서 조금이라도 벗어나면 주가는 사납게 날뛰었다.

에르고드 이코노미

주식을 거래하는 사람 중에 장기적인 전망을 가진 사람도 물론 있기는 하다. 그러나 전체를 놓고 보면 한줌도 되지 않는다. 큰돈을 굴리는 기관이든 푼돈을 굴리는 개미든 당장의 이익과 손실에 벌벌 떨지 않는 이는 드물다.

집단으로서 주식시장은 분기 순이익의 감소(어닝 쇼크)에 히스테리에 가까운 반응을 보인다. 쉽게 말해 주가가 폭락한다는 뜻이다. 설혹 그게 장기적인 경쟁력 확보를 위해 연구개발비를 더 쓴 때문이라고 하더라도 그렇다.

반대로 미래를 위한 연구개발비를 삭감해서 돈이 더 남으면 주식시장은 박수를 보낸다. 화장발 회계로 순이익을 높여도 들키지만 않으면 역시 박수를 보낸다. 이런 상황에서 주식시장이 싫어하는 일을 감행할 경영진은 별로 없다. 이게 바로 분기-자본주의의 현재 모습이다. 그들에게 장기적 관점은 샹그릴라다. 신비롭고 아름답지만 실제로는 존재하지 않는다.

이러한 현상이 최근의 일이라고 생각하기 쉽지만 그렇게 생각했다가는 큰코다친다. 경영의 구루 피터 드러커는 1986년 『월스트리트저널』에 2페이지짜리 글을 실었다. '자본주의의 위기'라는 제목의 글이었다.

그 글에서 드러커는 "미국 재계에서 일해온 사람이라면 누구나 다음 분기의 보다 많은 순이익을 찾아다니는 펀드 매니저를 만족시켜야 할 필요 때문에, 최고경영진이 비록 자살행위까지는 아닐지언정 치러야 할 값이 큰 실수라고 그들도 알고 있는 결정을 내리도록 끊임없이 떠밀린다는 사실에 대해 증언할 수 있다."고 썼다. 즉 지금으로부터 약 40년 전에도 이러한 현상은 마찬가지였던 것이다.

그렇다면 왜 단기주의가 판을 치는 걸까? 흔한 설명 중 하나는 인간의 불합리성이다. 인지 편향이 문제라는 심리학에 기반한 설명이다. 요즘 인기를 누리는 행동경제학의 주제기도 하다. 언제부터인가 주류 경제학은 행동경제학에 대해 어느 정도 인정하는 모습을 보이기 시작했다. 경제학 자체의 문제를 인간의 어리석음에게 떠넘길 수 있겠다는 생각을 해서다.

인지 편향을 단기주의의 원인으로 드는 것은 손바닥으로 해를 가리는 일과 같다. 단기주의를 주된 원리로서 주입하고 가르치는 경제학의 책임을 쏙 빼놓고 엉뚱한 곳으로 시선을 돌리게 만드는 일이기 때문이다. 더구나 이번 장의 뒤에서 다시 살펴보겠지만 인간은 경제학이 생각하는 것보다 훨씬 더 이성적인 존재다.

경제학이 정말로 단기적 이익을 택하도록 권할까 하는 의문이 있을 수 있다. 지금까지 앞에서 한 설명으로 충분할 수 있지만 다시 설명하겠다. 이를 깨닫지 못한다면 장기적인 관점을 어떻게 가질지도 모호해진다.

에르고드 이코노미

호모 에코노미쿠스의 기댓값 최대화는 두 가지 버전이 있다. 기업이 의사결정을 할 때 사용해야 한다는 이익의 기댓값 최대화가 하나고, 개인이 택해야 한다는 로그 효용의 기댓값 최대화가 다른 하나다. 전자의 사례는 흔하게 찾을 수 있지만 후자의 사례는 찾아 보기 어렵다. 개인적으로 로그 효용을 실제로 계산해 의사결정을 내리는 사람을 보거나 만난 적은 없다. 하지만 경제학이 그토록 이를 주장하니 그런 사람도 있다고 가정하겠다.

예로써 사용할 대상은 1장에 나왔던 돈내기다. 돈내기에 이기면 건 돈이 1.6배로 불어나고 지면 건 돈이 반으로 줄어든다. 이기거나 질 확률은 각각 50퍼센트로 같다. 이익의 기댓값은 건 돈의 5퍼센트다. 그러므로 경제학은 기업에게 이 돈내기를 하라고 말한다. 돈내기의 결과는 즉각적이다. 이러한 경제학의 지시에 따라 위와 같은 돈내기를 하는 기업과 사람이 세상에 차고 넘친다.

이익의 기댓값은 건 돈의 5퍼센트지만 이 돈내기를 계속하면 파멸에 이르기 마련이다. 두 번을 연속해서 하면 네 명 중 세 명이 돈을 잃는다. 천 번을 하면 100억 명 중 99억9,999만9,994명이 돈을 잃는다. 경제학은 이러한 장기적인 결과에 관심이 없다. 당장의 이익 기댓값만을 따질 뿐이다. 단기적 결과가 경제학의 유일한 관심사라는 증거다. 즉 경제학의 이론은 근시안이자 단견이다.

다른 증거도 있다. 경제학에 속하는 게임이론이 그 대상이다.

게임이론을 확립한 사람은 1903년 헝가리 태생의 수학자 존 폰 노이만이다. 노이만은 1928년 『전략 게임의 이론』이라는 논문을 썼고, 오스트리아 빈대학에서 경제학 박사학위를 받은 오스카 모르겐슈테른과 함께 1944년 『게임이론과 경제적 행위』라는 책을 썼다. 『게임이론과 경제적 행위』는 다니엘 베르눌리식의 로그 효용을 널리 퍼트린 또 다른 책이다.

방대한 게임이론의 내용을 다 설명하기는 곤란하기에 한 가지 사례만 들겠다. 게임을 계속해서 하는 경우 게임 상대방을 물 먹이는 행위는 장기적으로 득이 없다. 한 번은 이득을 볼 수 있겠지만 상대방도 곧바로 보복을 가할 수 있기 때문이다.

그래서 상대방의 행동에 상응하는 행동을 취하는 일명 '팃포탯 tit for tat'이 크게 보면 최선의 결과를 가져온다는 연구 결과도 있다. 상대가 정직하게 행동하면 나도 정직하게 행동하고 상대가 사기를 치면 나도 사기를 치는 것이다. 말하자면 '눈에는 눈, 이에는 이'다. 눈에는 눈, 이에는 이는 기원전 18세기의 함무라비 비석에도 새겨진 원리다.

그런데 만약 게임이 단 한 번으로 끝이라면 어떨까? 내일 지구가 멸망할 예정이든가 혹은 오늘 한 번 보고 내일 다시 볼 일이 없는 사람을 상대하는 상황이라면 달라지는 게 있을까? 노이만은 그럴 때는 사기를 치는 게 합리적이라고 말했다. 길 가던 행인을 상대로 바가지를 씌워도 그 사람과는 일회적인 거래로 끝이기 때문에 미래의 걱정 없이 오늘 이익을 챙기라는 얘기였다.

같은 원리로 노이만은 1940년대 후반 미국의 선제 핵공격을 주장했다. 소련이 핵무기를 가지기 전에 미국이 홀로 가진 핵폭탄으로 아예 소련을 멸망시키는 게 합리적이라는 이유였다. 노이만이 보기에 한심하게도 당시 미국 대통령 해리 트루먼은 충분히 합리적이지 않았다.

에르고드 경제학은 단기적 이익이 아닌 장기적 성장을 극대화한다____

에르고드 경제학은 시간에 대해 기존 경제학과 다른 생각을 가지고 있다. 에르고드 경제학은 단기적인 이익이 아니라 장기적인 성장의 극대화를 목표한다. 그것이 에르고드 경제학의 둘째 원리다 (3장에서 보았듯이 에르고드 경제학의 첫째 원리는 일차원이 아닌 다차원 기준의 도입이다). 당장의 내일이 아니라 먼 미래가 중요하다는 얘기다. 에르고드 경제학은 우리의 자식들과 후손들에게 보다 큰 파이를 넘겨 줘야 한다고 믿는다. 먹어 치우면 끝인 파이가 아니라 계속해서 오래도록 자랄 파이다.

장기적인 성장을 극대화하려면 무엇이 필요할까? 경제학의 여러 분파는 이에 대해 할 말이 많다. 세금을 깎아 주라든가 국내

시장을 외국기업에게 개방하라든가 직원 월급을 덜 주라든가 능력에 걸맞게 경영진의 보상을 더 늘려야 한다는 등이 그들의 처방이다. 시장이 알아서 최고의 결과를 가져올 테니 독점을 포함해 대기업 마음대로 하도록 내버려두라는 궁극의 처방도 있다.

에르고드 경제학은 이익을 평가하는 방법을 바꿀 것을 제안한다. 기존 경제학처럼 앙상블 평균으로 이익의 기댓값을 구하는 일은 단기적인 이익을 쫓는 것과 같다. 이래서는 장기적인 성장을 꾀할 수 없다. 그렇다면 어떻게 바꿔야 할까? 여기까지 이 책을 열심히 읽어 온 독자라면 이미 그 유력한 후보를 짐작할 법하다. 장기적인 성장에 대응되는 자산 변화율의 시간 평균이 그것이다.

자산 변화율의 시간 평균은 그러면 어떻게 구할 수 있을까? 간단히 설명하면 수익률을 계산할 때 퍼센트로 나타내지 말고 로그값으로 나타내면 된다.* 즉 퍼센티지수익률 대신에 로그수익률을 써야 한다. 로그수익률은 이후 자산 가격을 이전 자산 가격으로 나눈 값에 자연로그를 적용한 값으로 정의된다.

---

* 곱셈 과정의 증가는 지수함수로 표현되고, 지수함수의 단위 시간당 성장률을 산술적으로 평균할 수 있는 대상이 로그함수이기 때문이다. 즉, 자산 변화율의 시간 평균은 로그수익률로 정의된다.

　　에르고드 이코노미

$$\text{자산 변화율의 시간 평균} = \frac{\ln\left(\dfrac{S_1}{S_0}\right) + \ln\left(\dfrac{S_2}{S_1}\right) + \cdots + \ln\left(\dfrac{S_n}{S_{n-1}}\right)}{n}$$

S_i는 i번째 시점의 자산 가격(i = 0, 1, 2, ······ n).

앞 절에서 살펴봤던 돈내기를 가지고 설명해보겠다. 돈내기에 이기면 건 돈의 60퍼센트에 해당하는 이익이 생긴다. 이를 로그 수익률로 나타내면 ln(1.6/1)로서 그 값은 0.47이다. 돈내기에 지면 건 돈의 50퍼센트에 해당하는 손실을 입는다. 로그수익률로는 ln(0.5/1)이며 그 값은 -0.69다. 두 로그수익률에 각각 50퍼센트의 확률을 곱해서 더하면 로그수익률의 기댓값이 나온다. 그 값은 -0.11이다.

$$\text{돈내기의 로그수익률 기댓값} = \frac{1}{2} \times \ln\left(\frac{1.6}{1}\right) + \frac{1}{2} \times \ln\left(\frac{0.5}{1}\right)$$

$$= \frac{1}{2} \times (0.47 - 0.69) = -0.11$$

이제 그 결과를 음미해보자. 위 돈내기의 로그수익률 기댓값은 크기가 0보다 작다. 즉 부호가 마이너스다. 그런데 로그수익률의 기댓값은 자산 변화율의 시간 평균이다. 달리 말해 위 돈내기는 시간이 갈수록 돈이 계속 줄어드는 돈내기다.

그러므로 장기적인 결과를 중요하게 생각한다면 위 돈내기를 하면 안 된다. 이는 위 돈내기를 천 번 하면 100억 명 중 99억 9,999만9,994명이 돈을 잃는 것과 일치하는 결론이다. 즉 에르고드 경제학의 원리대로 이익을 평가하면 단기적인 관점이 아닌 장기적인 관점을 가질 수 있다.

경제에서 단기주의를 버리고 장기적 관점을 가져야 한다는 생각은 비단 어제 오늘의 이야기가 아니다. 중요한 위치에 있는 많은 사람들이 그러한 이야기를 해왔다.

일례로, 2015년 마크 카니는 기업들에게 "시스템에 대한 보다 큰 책임감을, 특히 시장 자본주의의 장기적 역동성이 의지하는 사회적 계약에 대한 책임감을 가져 줄 것"을 주문했다. 옥스퍼드대학 경제학 박사로 골드만삭스에서 13년을 일하고 중앙은행인 캐나다은행의 총재를 5년간 지냈던 카니는 당시 영국은행의 총재였다. 카니가 특히 강조한 장기적 역동성이라는 단어는 단기주의에 비판적인 그의 생각을 방증한다.

영국은행의 수석경제학자 앤드류 홀데인은 보다 구체적인 숫자를 내놓았다. 그에 따르면 오늘날 기업이 배당과 자사주 매입에 쓰는 돈은 45년 전에 비해 7배가 늘었다. 이는 필연적으로 장기적 투자에 쓸 돈이 기업에 부족해지는 결과를 낳는다. 단기주의의

에르고드 이코노미

또 다른 측면은 주식 거래자의 주식 보유기간의 단축이다. 20세기 중반에 평균적인 보유 기간은 약 6년이었다. 오늘날은 채 6개월이 되지 않는다. 전체 거래량의 50퍼센트 이상을 차지하는 고빈도거래 헤지펀드의 보유 기간은 1초도 길다.

분기 공시나 헤지펀드가 문제의 근원인지에 대해서는 갑론을박이 있다. 20세기의 주주자본주의를 여전히 편드는 하버드로스쿨의 루시언 벱척은 단기적인 이익을 목표하는 행동주의 헤지펀드를 막으면 안 된다고 주장한다. 뉴욕대 로스쿨의 마틴 립턴은 벱척이 통계숫자를 가지고 거짓말을 하고 있다고 비판한다. 퀘벡 몽레알대학의 이반 알레르는 헤지펀드가 여러 차원에서 단기주의를 부추긴다고 강조한다.

진실은 의외의 곳에서 드러난다. 행동주의 헤지펀드든 고빈도거래 헤지펀드든 손쉽고 재빠른 거래는 필수다. 그들은 누구보다도 단기적인 이익에 목을 맨다. 그런 그들이 남에게 받은 돈에는 제한을 둔다. 펀드의 출자자가 쉽게 돈을 빼가지 못하도록 계약상 조건을 붙인다는 뜻이다. 빨라야 통지 후 6개월 뒤에 돈을 돌려받거나 혹은 아예 펀드 청산 때까지 돌려 받지 못한다. 단기적인 이익을 쫓는 그들도 막상 자신들의 투기 자금은 장기간 묶어두고 싶은 것이다.

단기적 거래를 억제하려는 시도는 현재 진행형이다. 최선의 방

안인지는 모르겠지만 한 가지는 장기간 보유한 주식에 의결권을
더 주는 방법이다. 실제로 프랑스는 2014년 플로랑쥬법을 통과시
켰다. 주식을 2년 이상 보유한 사람에게 복수의 의결권을 줄 수
있도록 하는 법안이다. 장기적인 관점으로 경영하는 회사만 상장
이 가능하게 한 롱텀주식거래소라는 것도 2020년 미국에 생겼다.
롱텀주식거래소의 대표는『린 스타트업』이라는 책으로 유명한 에
릭 리스다.

리스크와 손실 혐오는 불합리가 아니라
장기적 생존 추구의 결과다_____

경제학은 리스크(위험)에 관해 사람들을 세 부류로 나눈다. 리스
크 혐오, 리스크 중립, 그리고 리스크 선호다. 그 각각이 리스크를
피하려 드는, 리스크에 무관심한, 리스크를 찾아 다니는 사람을
뜻한다는 사실을 짐작하기는 어렵지 않다.

리스크라는 말은 설명이 좀 더 필요하다. 영어 리스크^{risk}는 이
탈리아어 리스코^{risco}를 가져다 쓴 말이다. 리스코는 해안가의 절
벽을 뜻하는 단어다. 절벽 옆에는 암초나 센 물살이 도사리고 있
기 쉽다. 무역이나 해상 탐험에 나선 배에게 절벽은 특히 캄캄한
밤이나 폭풍우가 몰아 칠 때 위험하다. 이로부터 리스코에 '손실
을 볼 위험'이라는 의미가 생겼다.

에르고드 이코노미

항해의 리스크를 보험으로 헤지하는 관습이 시작되면서 리스크에 새로운 맥락이 생기기 시작했다. 17세기 영국의 에드워드 로이드가 연 로이즈커피하우스는 선주와 화주 그리고 해상보험업자가 만나 보험계약을 맺는 장소가 되었다.

해상보험업자의 관점에서 자기가 큰 돈을 물어줘야 할 리스크는 물리적 해저드와 정신적 해저드에서 나왔다. 물리적 해저드는 경험상 배가 난파하는 비율이 크게 변하지 않더라는 관찰로써 대응이 가능했다. 여기서 리스크에 발생 빈도를 계량할 수 있는 손실 가능성이라는 뜻이 추가되었다. 보험사기로 이어지는 정신적 해저드(모럴 해저드)는 물리적 해저드보다 더 대응이 쉽지 않았다. 해상보험업자들은 과거에 보험금을 이상하게 여러 번 타간 선주나 화주를 더 이상 상대하지 않는 방법으로 자신의 리스크를 관리했다.

이후 경제학은 리스크를 확률로써 묘사가 가능한 변동 가능성으로 정의했다. 가령, 아리수와 미리내라는 두 가지 돈내기가 있다고 가정해보겠다. 아리수는 건 돈의 100퍼센트를 이익으로 가질 수 있는 돈내기다. 건 돈의 100퍼센트라는 이익은 갑자기 내일 지구가 멸망하지 않는 한 100퍼센트 확실하다. 미리내는 이익이 없거나 혹은 건 돈의 200퍼센트를 이익으로 가질 수 있는 돈내기다. 0퍼센트와 200퍼센트라는 두 가지 가능성의 확률은 각각 50

퍼센트다.

이익의 기댓값은 아리수와 미리내가 같다. 그러므로 기대값 최대화 원칙을 따르는 기업에게 아리수와 미리내는 사실상 같은 돈내기다. 즉 아리수를 미리내보다 더 좋아할 이유도 없고 반대로 미리내를 아리수보다 더 좋아할 이유도 없다. 이러한 성질이 바로 리스크 중립이다. 애초에 경제학자들은 자신들의 교리에 따라 모든 사람이 리스크 중립이라고 가정했다.

얼마 후 경제학자들은 리스크 중립인 사람이 별로 없다는 사실을 깨닫게 되었다. 많은 수의 사람들은 설문조사에서 미리내 대신 아리수를 골랐다. 달리 말해 돈내기의 결과가 확정돼있는 쪽을 결과가 달라질 수 있는 쪽보다 더 좋아했다. 비유하자면 기대 수익률이 같아도 은행의 예금을 주식보다 낫다고 여겼다.

경제학자들은 리스크 혐오를 설명할 수 있는 방법을 찾아냈다. 바로 돈의 효용이 단순 증가함수면서 아래로 오목하다는 생각이었다. 항상 더 많은 돈을 원하지만 돈이 많으면 많을수록 웬만한 돈에는 심드렁해진다는 얘기였다. 달리 말해 돈이 많아질수록 예전만큼 흥분되려면 더 많은 돈이 필요하다는 거였다. 아들 멩거를 통해 접한 다니엘 베르눌리의 가르침이기도 했다.

에르고드 이코노미

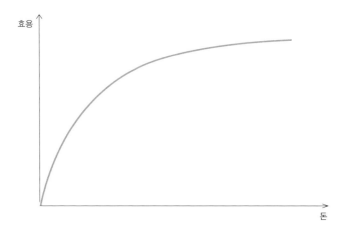

구체적으로 숫자를 가지고 리스크 혐오를 설명해보겠다. 효용을 나타내는 함수로는 돈의 0.5제곱, 즉 제곱근을 일례로 사용해보자. 전 재산으로 1억 원을 가진 사람이 전 재산을 걸 때 아리수는 효용이 4,142만큼 증가한다. 반면 같은 사람이 미리내에 전 재산을 걸면 효용의 기댓값은 3,660만큼 커진다. 효용 관점에서 결과가 확정된 아리수가 결과가 변할 수 있는 미리내보다 크다. 즉 리스크 혐오는 한계효용 체감과 서로 통하는 현상이었다. 그러므로 경제학이 보기에 개인의 리스크 혐오는 이론상 아무런 문제가 없었다.

아리수로 증가될 효용

$$= \sqrt{200{,}000{,}000} - \sqrt{100{,}000{,}000}$$
$$= 14{,}142 - 10{,}000$$
$$= 4{,}142$$

미리내로 증가될 효용

$$= \left(\frac{1}{2} \times \sqrt{300{,}000{,}000} + \frac{1}{2} \times \sqrt{100{,}000{,}000} \right) - \sqrt{100{,}000{,}000}$$
$$= (8{,}660 + 5{,}000) - 10{,}000$$
$$= 3{,}660$$

진정한 골칫거리는 다른 데 있었다. 상대적으로 숫자가 적기는 했지만 일부 사람들은 아리수 대신 미리내를 택했다. 아무리 아리수와 미리내의 기댓값이 같다는 사실을 설명해줘도 그들의 선택은 변하지 않았다. 그들은 그저 결과가 달라질 수 있다는 사실 자체에 들뜨는 듯했다. 그들 대부분은 카지노, 경마장, 주식시장의 단골 손님이었다.

행동경제학은 여기에 손실 혐오라는 편향을 추가했다. 손실 혐오 편향은 똑같은 금액이어도 이익보다 손실을 더 크게 느끼는 심리적 성향을 가리킨다. 행동경제학의 창시자 카너먼과 트버스키는 이익의 크기가 손실의 2배는 되어야 사람들이 돈내기를 한다는 연구결과를 내놓기도 했다. 이것도 사람마다 차이가 있지만 평균의 관점에서는 그렇다.

경제학자들은 실제 사람의 우둔함에 진저리를 쳤다. 그들에게 손실 혐오 편향은 비합리한 현상일 뿐이었다. 행동경제학에도 한계는 있었다. 행동경제학자들은 현상에 이름을 붙이기는 했지만 왜 그런지에 대한 설명은 내놓지 못했다.

하지만 그걸 꼭 경제학자처럼 이해할 필요는 없다. 다르게 이해하는 게 얼마든지 가능하다. 이를 설명하기 위한 다른 예를 하나 들겠다.

하슬라는 또 다른 돈내기다. 하슬라에 돈을 걸려면 최소 1억 원이 필요하다. 1억 원을 걸어서 이기면 2.02억 원을 받는다. 지면 건 돈 1억 원을 모두 날린다. 이기거나 질 확률은 각기 50퍼센트다. 그러므로 이익의 기댓값은 100만 원이다.

하슬라의 기대이익

$$= \frac{1}{2} \times 102{,}000{,}000원 - \frac{1}{2} \times 100{,}000{,}000원$$

$$= 1{,}000{,}000원$$

하슬라에 돈 걸겠냐는 질문에 대다수 사람들은 "아니오."라고 대답한다. 돈 걸겠다는 사람도 일부 있겠지만 많지는 않다. 이유는 단순하다. 무엇보다도 걸 돈 1억 원이 없는 사람은 하고 싶어도 할 방법이 없다. 가진 돈이 1억 원 이상이라고 해서 무조건 하슬라에 돈 걸 수 있는 것도 아니다. 가령, 전 재산이 1.5억 원인 사람이 하슬라에 건다고 가정해보겠다. 첫 번째에 이기면 가진 돈이 2.52억 원으로 불어난다. 첫 번째에 이긴 사람이 두 번째도 이기면 가진 돈이 3.54억 원이 된다. 설혹 두 번째에 지더라도 남은 돈은 1.52억 원이다. 이만하면 행복한 결말이다.

모두가 행복할 리는 없다. 첫 번째에 지면 이제 가진 돈이 5천만 원밖에 없다. 다시 하고 싶어도 판에 낄 돈이 없다는 얘기다. 두 명 중 한 명이 이러한 결말을 맞는다. 그들은 생돈 1억 원을 날리고 말았다. 결혼을 약속한 사람이 이런 짓을 했다면 심각하게 파혼을 고민해야 할 충분한 사유다.

재산이 1.5억원인 사람이 하슬라를 두 번 연달아 한다고 했을 때 결과적인 손익의 평균을 구해보면 어떻게 될까? 네 명 중 한 명이 2.04억 원을 불리고, 한 명이 0.02억 원을 불리며, 나머지 두

하슬라를 두 번 할 때의 손익 평균

$$= \frac{204,000,000원 + 2,000,000원 - 100,000,000원 - 100,000,000원}{4}$$

$$= 1,500,000원$$

명은 1억 원씩 잃었다. 이를 평균 내면 150만 원이 나온다. 앞에서 구한 이익의 기댓값이 100만 원이고 그걸 두 번 하니 평균 200만 원의 이익이 나와야 할 듯싶은데 그보다 적다.

결과적으로 하슬라에 돈을 한 번 걸 때의 기댓값은 100만 원이 아닌 75만 원이다. 두 명 중 한 명 꼴로 파혼 당할 위기에 처할 대가 치고는 턱없이 적은 돈이다. 돈내기를 두 번 했을 뿐인데 앙상블 평균과 시간 평균이 벌써 다르게 나온다.

위와 같은 가상의 사례로부터 왜 사람들이 하슬라를 덥석 하지 않는지를 깨닫기는 쉽다. 저런 것을 함부로 했다가는 신세 망칠 수 있다고 본능적으로 인식하기 때문이다. 단기적 이익에 앞서는 장기적 생존의 중요성을 알기 때문이다. 이익은 생존이 전제되어야만 의미를 가질 수 있다. 손실 혐오 편향도 쉽게 설명된다. 장기적 생존의 중요성 때문에 손실을 이익보다 크게 느끼는 것이다. 아무리 돈이 좋아도 러시아 룰렛의 총알이 발사되면 아무 소용없다.

에르고드 경제학의 렌즈로 하슬라를 바라보면 어떻게 보일까? 에르고드 경제학은 장기적 성장을 바란다. 그러므로 장기적 성장을 보장하는 수익률의 시간 평균을 따진다. 수익률의 시간 평균은 로그수익률의 기댓값으로써 구할 수 있다. 구해보면 -0.29가 나온다.

1.5억 원을 가진 사람의 하슬라 수익률 시간 평균

$$= \frac{1}{2} \times \ln\left(\frac{2.52}{1.5}\right) + \frac{1}{2} \times \ln\left(\frac{0.5}{1.5}\right) = 0.26 - 0.55 = -0.29$$

수익률의 시간 평균이 0보다 작으므로 에르고드 경제학은 하슬라를 하지 말라고 말한다.

돈이 아주 많은 사람이라면 어떨까? 에르고드 경제학의 관점에서 1억 원의 손실이 장기적 생존에 문제가 되지 않을 수 있다. 가진 돈이 15억 원이면 하슬라의 수익률 시간 평균이 -0.0016으로 여전히 음수다. 하지만 가진 돈이 150억 원이라면 하슬라의 수익률 시간 평균은 이제 0.000044로 양수다.

15억 원을 가진 사람의 하슬라 수익률 시간 평균

$$= \frac{1}{2} \times \ln\left(\frac{16.02}{15}\right) + \frac{1}{2} \times \ln\left(\frac{14}{15}\right) = 0.0329 - 0.0345 = -0.0016$$

150억 원을 가진 사람의 하슬라 수익률 시간 평균

$$= \frac{1}{2} \times \ln\left(\frac{151.02}{150}\right) + \frac{1}{2} \times \ln\left(\frac{149}{150}\right)$$

$$= 0.003388 - 0.003344 = 0.000044$$

에르고드 이코노미

돈이 그 정도로 많다면 하슬라를 하지 않을 이유가 없다. 이게 '빈익빈 부익부'의 한 가지 원인이라면 원인이다. 빈익빈 부익부는 가난한 사람은 더 가난해지고 부자는 더 부자가 된다는 말이다.

경제학자는 위 설명에 딴지를 걸 것 같다. 위에서 수익률의 시간 평균을 구한 방법이 자신들의 로그 효용과 같다는 지적이다. 형태가 같다는 것은 부인할 수 없는 사실이다. 그러나 내용상 차이가 크다.

먼저 경제학의 효용은 꼭 로그함수로 표현될 필요가 없다. 실제로 경제학은 리스크 혐오의 특정한 성질을 설명하는 여러 효용함수를 가지고 있다. 반면 에르고드 경제학은 로그함수만 의미가 있다. 왜냐하면 로그수익률의 기댓값이 수익률의 시간 평균이기 때문이다. 다른 함수는 이러한 시간 평균이라는 개념과 맞지 않는다.

효용에 관한 코펜하겐 실험은
우리에게 무엇을 알려주나_____

물리에 관심을 가진 사람에게 코펜하겐이라는 도시는 낯설지 않다. 20세기 초반을 달궜던 토론과 맞물려 많이 언급되기 때문이다. 이름하여 '코펜하겐 해석'이다. 이 말을 만든 사람은 불확정성

원리를 주장한 베르너 하이젠베르크다.

1920년대에 덴마크 코펜하겐대학의 닐스 보어와 하이젠베르크는 양자역학을 이해하는 특정한 방법을 제안했다. 모두가 보어와 하이젠베르크의 생각에 동의하지는 않았다. 그 정점은 1927년 벨기에에서 열린 일명 솔베 회의였다. 화학공학으로 거부가 된 에르네스트 솔베가 돈을 대 시작된 솔베 회의는 오직 초대된 사람만 참가할 수 있는 3년 주기의 학술대회였다.

1927년 솔베 회의에서 보어와 하이젠베르크는 알베르트 아인슈타인과 정면 충돌했다. 아인슈타인은 "신은 우주를 갖고 주사위를 던지지 않는다."며 반론을 폈다. 보어는 "아인슈타인, 신에게 이래라 저래라 말하지 말게."라고 응수했다. 회의에 참석한 사람들은 아인슈타인보다는 보어와 하이젠베르크의 생각에 좀 더 기울었다. 당시 참석자들은 총 29명 중 17명이 결국 노벨상 수상자가 될 정도로 물리학계의 거물이었다.

'경제학 이야기하다 말고 웬 양자역학이냐?'하고 당황할 독자가 있을 것 같다. 코펜하겐 해석이 무엇인지 자세히 설명할 생각은 없으니 너무 걱정하지 않아도 된다. 코펜하겐이라는 말이 은연중에 풍기는 정취를 지금부터 펼쳐 놓으려는 이야기에 담고 싶었을 뿐이다. 코펜하겐 해석은 처음에는 소수의 사람만 믿는 비주류 이론이었다. 현재는 양자역학의 정통 해석이다.

경제학의 기대효용 최대화를 다시 생각해 보자. 경제학은 사람들이 효용의 기댓값을 최대화한다고 가정한다. 모든 사람이 그렇게 해야 마땅하지만 그렇지 않은 사람도 분명히 있다. 경제학은 마지못해 불합리한 사람의 존재를 인정하지만 다수의 호모 에코노미쿠스로 구성된 시장이 결국은 같은 결과를 가져오게 한다고 주장한다.

방금 전 논리는 근본적인 결함이 있다. 검증 또는 반증이 불가능하다는 점이다. 특히 반증이 불가능하다는 말은 달리 말해 과학이 될 수 없다는 의미기도 하다. 20세기 중반 런던정치경제대학의 칼 포퍼가 사이비 과학이라고 칭한 영역이다. 1945년 노벨 물리학상 수상자인 볼프강 파울리가 완전히 잘못된 이론에도 못 미친다고 일컬은 이른바 '심지어 틀리지조차 않은' 이론이다.

경제학은 한 가지를 더 가정한다. 어리석은 사람이 있을지언정 그 어리석음이 한결같다고 간주하는 것이다. 무슨 말이냐면 상황에 따라 사람이 선택의 기준을 바꾸지는 않는다는 생각이다. 로그 효용을 최대화하는 사람은 어김없이 로그 효용을 최대화하고 선형 효용을 최대화하는 사람은 언제나 선형 효용을 최대화해야 한다. 선형 효용은 로그함수를 적용하지 않은 이익 그 자체와 같다. 경제학은 각 개인의 효용이 시간에 대해 변하지 않을 것을 요구한다.

2019년 코펜하겐대학의 올리버 홀메는 위 주제를 다룬 실험 결과를 논문으로 발표했다. 홀메는 경제학을 공부한 사람은 아니었다. 그는 옥스퍼드대학에서 생리학으로 석사학위를, 유니버시티 칼리지런던에서 뇌 영상 연구로 박사학위를 받은 사람이었다. 그의 직장은 코펜하겐대학병원의 덴마크자기공명연구소였다. 말하자면 홀메는 경제학을 둘러싼 여러 생각 모두에 대해 중립적인 처지에 있었다.

홀메는 성질이 완전히 다른 두 종류의 돈내기 집합을 구성했다. 하나는 곱셈 과정으로 돈이 늘거나 줄고 다른 하나는 덧셈 과정으로 돈이 늘거나 줄었다. 어느 쪽이 곱셈 과정에 해당하고 어느 쪽이 덧셈 과정인지는 피험자에게 가르쳐 주지 않았다.

피험자는 먼저 연습 단계를 거쳤다. 연습 단계에서는 곱셈 과정과 덧셈 과정 각각 모두 9가지의 다른 이미지가 컴퓨터 화면에 나타났다. 각각의 이미지는 고유한 손익값을 가졌다. 가령, 곱셈 과정의 1번 이미지는 이전 단계의 가진 돈을 55퍼센트만큼 줄였다. 즉 곱셈 과정의 1번 이미지가 나오면 가진 돈이 45퍼센트로 줄어들었다. 또 덧셈 과정의 9번 이미지가 나오면 7만7천 원이 불어났다.

연습 단계를 시작할 때 피험자는 18만 원의 돈을 받았다. 이어 피험자가 버튼을 누르면 약 3초 후에 9개 이미지 중 무작위하게 선택된 1개의 이미지가 화면에 나타났다. 그리고 1초 후 가진 돈이 어떻게 변했는지가 표시됐다. 예를 들어, 곱셈 과정의 연습 단계에서 첫 번째 이미지로 1번이 나오면 돈이 8만 천 원으로 줄어들었다. 또 덧셈 과정의 연습 단계에서 첫 번째 이미지로 9번이 나오면 돈이 25만7천 원이 되었다. 1번이 가장 손실이 크고 번호가 커질수록 손실이 줄어들며 5번은 돈에 변화가 없고 6번부터 9번까지는 이익이 점점 커졌다.

돈이 바뀌고 수 초 후에 화면에는 다시 버튼을 누르라는 안내가 나왔다. 연습 단계는 약 50분간 진행되었다. 그 시간 동안 피험자는 경험적으로 어떤 이미지가 어떤 결과를 낳는지를 알게 됐다. 정확한 숫자까지 기억하는 사람도 있었고 대략 어느 이미지가 나왔을 때 돈이 늘더라는 정도만 기억하는 사람도 있었다. 돈이 바뀌는 것을 보면서 돈이 곱셈으로 변하는지 덧셈으로 변하는지도 어렴풋이 깨닫기 마련이었다.

연습 단계가 끝나면 2분간의 휴식 시간을 가진 후 곧바로 실전 단계로 들어갔다. 실전 단계를 시작하는 돈은 연습 단계의 최종 돈과 같았다. 실전 단계는 각각 두 개의 이미지로 구성된 두 쌍의 돈내기를 약 5초간에 걸쳐 순차적으로 보여주었다. 예를 들어, 첫 번째 돈내기는 2번과 6번 이미지, 두 번째 돈내기는 3번과 8번 이미지인 식이었다.

그런 후 2초 안에 두 돈내기 중 하나를 피험자가 고르면, 컴퓨터는 피험자가 고른 돈내기에 속하는 2개의 이미지 중 하나를 무작위로 택했다. 즉 각 이미지가 선택될 확률은 50퍼센트였다. 그렇게 선택된 이미지에 따라 돈이 바뀌었다. 이 과정이 약 300번 반복되었다.

매회의 돈내기 선택에는 약 10초의 시간이 걸렸다. 시간 안에 돈내기를 선택하지 않으면 4개의 이미지 중 가장 나쁜 결과가 자동으로 적용됐다. 첫째 날에 덧셈 과정을 한 피험자는 둘째 날에 곱셈 과정을 했다. 마찬가지로 첫째 날에 곱셈 과정을 한 피험자는 둘째 날에는 덧셈 과정을 했다. 사람들이 성의 없이 선택하는 일을 예방하기 위해 실험이 끝날 때 최종 결과에 해당하는 돈을 사람들에게 현금으로 주었다. 홀메는 11,232명을 대상으로 실험했다.

이제 홀메의 코펜하겐 실험이 확인하려는 바를 좀 더 자세히 설명해 보겠다. 홀메는 사람들이 돈내기의 성질이 달라짐에 따라 효용함수를 바꾸는지를 확인하고자 했다. 만약 바꾸지 않는다면 그건 경제학의 가정을 확증해주는 결과가 될 수 있었다.

한편 에르고드 경제학은 사람들이 장기적 생존과 성장에 신경을 쓴다고 가정한다. 돈내기가 곱셈 과정일 때 장기적인 성장은 로그수익률의 기댓값을 최대화함으로써 달성된다. 반면 돈내기가 덧셈 과정이라면 가진 돈이 충분할 때 선형 효용, 즉 이익의 기댓값을 최대화하는 게 더 낫다. 또한 덧셈 과정에서 가진 돈이 충분하지 않다면 이익의 기댓값이 작더라도 손실의 크기가 작은 돈내기를 택하는 편이 이성적인 결정이다.

즉 사람들의 돈내기 선택이 곱셈이나 덧셈 과정과 무관하게 일관되면 경제학이 옳다고 결론 내릴 수 있다. 반대로 돈이 불어나는 과정의 성질에 따라 같은 사람의 돈내기 선택 기준이 달라진다면 그건 에르고드 경제학이 옳음을 증명하는 결과다. 둘이 동시에 옳을 수 있는 길은 없다.

그래서 코펜하겐 실험의 결론은 무엇이었을까? 전반적으로 사람들은 곱셈 과정일 때는 로그수익률의 시간 평균을 최대화했고 덧셈 과정일 때는 이익의 앙상블 평균을 최대화했다. 물론 꾸준히 한 가지 방식으로 돈내기를 선택하는 사람도 없지는 않았다. 아무런 기준 없이 마구잡이로 선택하는 사람도 있었다. 그러나 다수의 사람은 에르고드 경제학이 예측한 대로 돈내기 선택의 방식을 바꿨다.

에르고드의 잘못된 가정이 아닌, 진정한 확보가 장기적 성장을 이끈다____

확률은 보통 사람들에게도 익숙한 개념이다. 공식적으로 확률을 처음 배우는 시기는 현재의 교과과정상 중학교 2학년 2학기다. 2학년 2학기 수학 교과서의 마지막 단원 제목이 확률이다. 확률이라는 단어는 사용하지 않지만 초등학교 때도 관련된 개념을 미리 배우기도 한다. 초등학교 5학년 2학기 수학 교과서의 6단원 제목이 평균과 가능성이다. 예를 들어, 일이 일어날 가능성이 확실할 때 그 가능성을 수로 표현하면 1로 나타낼 수 있다고 배운다.

중학 수학 교과서는 확률을 특정한 사건이 일어나는 상대도수로 정의한다. 상대도수란 가령 동전을 100번 던져 그중 앞면이나 뒷면, 혹은 옆면으로 선 횟수를 전체 횟수인 100으로 나눈 값이다. 그렇기에 확률은 0보다 작은 음수가 될 수 없고 1보다 큰 양수도 될 수 없다. 정상적인 동전을 던져 앞면이 나올 확률이 50퍼센트라는 사실 정도는 수학을 포기한 사람도 안다.

확률을 위처럼 정의하는 일은 아무런 해가 없는 듯하지만 숨어 있는 위험이 있다. 상징적인 예를 하나 들어보겠다.

2022년 1월 중앙일보는 자동차 사고율에 관한 기사*를 실었다. 자동차 사고율은 1년 동안 자동차 사고가 난 건 수를 자동차 총 대수로 나눈 값이다. 이는 위에서 설명한 상대도수로써 구하는 확률과 식이 같다. 즉 자동차 사고율은 1년 동안 사고가 날 확률을

---

* 국내차 10대 중 3대는 이 색깔…연비도 좋고 사고율도 낮다고?, 『중앙일보』, 2022년 1월 29일.

말한다.

기사의 내용 중 흥미로운 부분은 자동차 색깔과 사고율의 관계에 관한 통계였다. 금융감독원이 발표한 2021년 전체 자동차 사고율은 15.2퍼센트였다. 그런데 기사에 인용된 경찰청의 공식 블로그 통계자료에 의하면 빨간색 차의 사고율이 7퍼센트였다. 빨간색 차의 사고 확률이 전체의 반 정도에 불과하다는 얘기였다.

여기서 문제를 하나 내겠다. 여러 색깔 중 가장 사고율이 높은 색깔은 무엇이었을까? 의외로 파란색이 가장 높았다. 파란색 차의 사고율은 25퍼센트였다. 전체 평균보다도 10퍼센트포인트 높은 결과였다. 녹색도 평균을 훌쩍 넘기는 색깔이었다. 녹색 차의 사고율은 20퍼센트로 두 번째로 높았다.

아저씨들이 많이 타는 검은색은 어땠을까? 의외로 사고율이 낮았다. 검은색 차의 사고율은 4퍼센트밖에 되지 않았다. 무채색이라고 해서 검은색 차처럼 무조건 사고율이 낮은 것은 아니었다. 회색 차의 사고율은 16퍼센트에 달했다. 그렇다면 여러 색깔 중 가장 사고율이 낮은 색깔은 무엇이었을까? 가장 사고율이 낮은 색깔은 바로 노란색이었다. 노란색 차의 사고율은 2퍼센트밖에 되지 않았다. 밤색 차도 사고율이 3퍼센트로 낮았다.

기사는 이러한 차이가 발생하는 이유도 제시했다. 눈의 굴절률과 초점 기능이 색깔마다 다르기 때문이라는 설명이었다. 가령 파란색은 빛의 굴절률이 크기 때문에 망막보다 앞쪽에 상이 맺힌다. 망막은 이를 보정하려고 수정체를 오목하게 만들어 초점을 맞춘다. 결과적으로 파란색 차는 실제의 거리보다 더 멀리 있는 것처럼 보인다는 얘기였다.

그게 이유의 전부가 아닐 수 있다. 똑같은 통계결과를 두고 다른 원리로 설명하는 일이 불가능하지 않기 때문이다. 예를 들어, 파란색 차의 소유자들이 평균적으로 운전을 험하게 하는 사람일 가능성이 있다. 파란색을 골랐다는 자체가 문제라기보다는 그들의 대부분이 20대 아니면 30대일 개연성이 크기 때문이다. 40대 이상에서 파란색 차를 살 사람은 거의 없다.

또 모집단 자체가 적은 탓에 보다 극단적인 결과가 나왔을 가능성도 있다. 일례로, 녹색 차는 전체 자동차 수의 1퍼센트에 지나지 않는다. 달리 말해 전국에 하늘색 차가 5대뿐인데 그중 1대가 사고를 당하면 그것만으로도 사고율은 20퍼센트다.

다른 요인도 있기 마련이다. 노란색 차가 사고율이 낮은 이유는 그들 거의 대부분이 유치원 차 아니면 학원 차이기 때문일 수도 있다. 유치원 차를 가지고 음주 운전이나 곡예 운전 혹은 자동차 경주를 할 사람은 드물다.

이유가 무엇이든 간에 회색 차가 100대 있으면 작년 1년 동안 16번 정도의 사고가 났다는 말은 충분히 할 수 있다. 앞의 통계는 정확히 그러한 상황을 가리키는 말이다. 그러나 같은 통계를 두고 회색 차 100대 중에 16대에 사고가 났다고 말하기는 조금 껄끄럽다. 1대가 여러 번 사고를 냈을 가능성도 완전히 배제할 수는 없어서다. 그래도 이 정도는 봐줄 만하다.

그런데 같은 통계를 가지고 함부로 시간에 적용을 하면 기막힌 얘기가 된다. 검은색 차와 파란색 차의 사고율이 각각 4퍼센트와 25퍼센트라고 해서, 그게 내 검은색 승용차가 작년에 15일간 사고로 운행을 못하는 동안 옆집 아저씨의 파란색 트럭이 91일간 정비공장에 들어가 있었다는 뜻일 리는 없다.

말하자면 보통의 확률은 앙상블에 성립하는 개념일 뿐 시간에 성립하는 개념은 아니기 쉽다. 앙상블 평균이 일반적으로 시간 평균과 다른 것과 마찬가지다. 윗집에 사는 대학생이 새로 막 뽑은 노란색 스포츠카가 폐차될 때까지 2퍼센트의 시간 동안만 사고나 있을 거라는 말은 우습기 짝이 없다. 개별 존재의 시간 경로 위에서 벌어지는 일은 앙상블에서 관찰된 빈도와 거의 확실하게 무관하다.

즉 앙상블의 관찰 결과가 개별 존재의 시간 경로와 같다는 확신이 없다면 함부로 앙상블 확률을 시간에 들이대서는 안 된다. 다시 말해 어떤 계^系가 에르고드하지 않은 것을 에르고드하다고 아무렇게나 가정하면 큰일난다. 나심 니콜라스 탈레브는 2018년에 낸 『스킨 인 더 게임』에서 이를 다음처럼 요약했다.

"에르고드가 없으면 확률도 없다."

장기적 성장은 에르고드를 진짜로 확보할 때 생기지 허투루 가정한다고 생기지 않는다. 워런 버핏도 "리스크를 지는 비즈니스에서 성공하려면 우선 살아남아야 한다."고 했다.

어떻게 삶 자체를 에르고드하게 만들 수 있을까_____

4장의 마지막인 이번 절에서는 그러면 경제와 삶을 어떻게 에르고드하게 만들 수 있을지를 검토해 보려 한다. 대상을 에르고드하게 만들 수 있다면 그로부터 생기는 장점이 많다. 물론 그러한 장점은 경제학이 그랬던 것처럼 단순히 경제가 에르고드하다고 덮어놓고 가정한다고 생기지는 않는다.

근본 이치는 파멸이나 몰락으로 이끌 수 있는 일은 하지 않는 것이다. 조금이라도 파탄의 가능성이 있다면 경제학의 기댓값 최대화는 결코 올바른 답을 주지 못한다. 그러한 경우의 비용-효익 분석은 아무런 의미가 없다. 러시아 룰렛의 이익 기댓값이 아무리 높아도 그것은 멍청하고 미련한 일이다.

예를 들어 설명해보겠다. 루마니아의 다비드 포포비치는 2022년 8월 남자 자유형 100미터 세계 신기록을 세웠다. 이탈리아 로마에서 열린 2022 유럽수영선수권대회에서 46초86을 기록해 13

년 동안 깨지지 않던 브라질의 세자르 시엘루 필류의 종전 세계 기록 46초91을 넘어선 결과였다.

포포비치의 기록은 특히 필류가 전신수영복을 입고 세운 기록을 깼다는 점에서 의미가 컸다. 필류가 종전 세계기록을 세운 2009년 세계선수권에서 43개의 세계 신기록이 쏟아지면서 세계수영연맹은 2010년부터 전신수영복의 사용을 금지했다. 즉 포포비치가 2010년부터 지금까지 세계에서 가장 빠른 수영 선수임에는 틀림이 없다.

이번에는 종목을 바꿔 알프스 스키를 따져 보겠다. 2022년 시즌에서 여러 종목 중 가장 속도가 빠른 다운힐, 즉 활강의 챔피언은 노르웨이의 알렉산더 아모트 킬데였다. 1992년에 태어난 킬데는 총 11번의 대회 중 3번의 우승과 1번의 준우승 등으로 620점을 확보해 금메달과 은메달 1개씩, 그리고 동메달 5개 등으로 607점을 딴 스위스의 베아트 포이츠를 2위로 밀어냈다. 1987년생인 포이츠는 2022년 베이징 동계올림픽의 활강 금메달리스트기도 했다.

그렇다면 킬데나 포이츠가 2010년부터 지금까지 세계에서 가장 빠른 활강 선수라고 말할 수 있을까? 그렇게 말하기가 쉽지 않다. 시간 기록을 따지는 스포츠라는 면으로 수영과 스키는 같다. 하지만 둘 사이에는 큰 차이가 있다.

스키는 위험한 종목이다. 시간을 줄이기 위해 속도를 높일수록 사고의 가능성이 커진다. 무모하게 속도를 내면 한두 번은 시상대에 오르겠지만 그러다 부상을 당하기 십상이다. 시즌을 날릴 수도 있고 부상이 심해 은퇴를 하게 될 수도 있으며 극단적으로 죽을 수도 있다. 미국스키장협회의 자료에 따르면 미국에서 매년 평균 38명이 스키 사고로 죽는다.

실제로 스키는 얼마나 위험할까? 스키를 타는 사람은 하루에 사망을 포함해 부상 당할 확률이 평균 0.3퍼센트다. 스키 선수가 훈련을 포함해 1년에 180일 동안 스키를 탄다면 그동안 부상 당할 확률은, 놀라지 마시라, 41.8퍼센트다.* 그렇게 12년을 선수 생활을 할 때 부상 당할 확률은 99.85퍼센트다.** 즉 12년간 스키를 타면 거의 확실하게 부상을 당한다. 죽지는 않더라도 부상으로 기록이 더 이상 나오지 않아 은퇴하는 일이 결코 어려운 일이 아니다.

스키 선수는 스키 실력이 좋은 만큼 부상 당할 확률이 낮다는 반론이 있을 수 있다. 그럴 수 있다. 가령 스키 실력만큼 선수의

---

* 이 값은 다음과 같이 도출된다. 우선 특정 기간 동안 한 번이라도 부상 당할 확률은 그 기간 동안 부상 당하지 않을 확률을 1에서 뺀 값과 같다.
기간 동안 한 번이라도 부상 당할 확률 = 1-기간 동안 부상 당하지 않을 확률
1일 동안 부상 당하지 않을 확률 (1-0.003)
1년(180일) 동안 부상 당하지 않을 확률 = $(1-0.003)^{180}$ = 0.5823
1년(180일) 동안 한 번이라도 부상 당할 확률 = 1-0.5823 = 0.4177
** 12년 내내 부상 당하지 않을 확률 = 0.5823^{12} = 0.0015
12년 중 한 번이라도 부상 당할 확률 = 1-0.0015 = 0.9985

에르고드 이코노미

일간 부상 확률이 평균의 1/3에 지나지 않는다고 가정해보겠다. 그럴 경우 1년에 부상 당할 확률은 16.5퍼센트고 12년간 한 번이라도 부상 당할 확률은 88.5퍼센트다.* 스키 선수의 부상 확률이 평균의 1/10이라도 12년간 한 번 이상 부상 당할 확률은 47.7퍼센트다. 낮은 가능성이라고 이야기하기 어려운 숫자다.

즉 현재 가장 빠른 스키 선수는 일정한 시기 동안에 가장 빨랐던 선수가 아니다. 너무 속도를 내다 다쳐서 병원에 있거나 은퇴했거나 혹은 죽은 선수를 제외한 나머지 선수들 중에서 가장 빠른 선수일 뿐이다. 반면 수영 선수는 속도를 더 냈다고 해서 수영장에 빠져 죽지는 않는다. 즉 스키에서는(우리의 실제 삶은 수영보다 스키를 닮았다.) 가장 빠른 선수가 최고의 선수가 되지 않는다. 생존한 선수 중에 최고가 나온다. 삶과 경제도 그렇다.

그러므로 삶과 경제를 에르고드하게 만들려는 노력이 필요하다. 핵심은 '경기 종료'를 가져올지 모르는 일은 피하는 데 있다. 원래대로 되돌릴 수 없는 비가역성이 있다면 그것은 에르고드하지 않다. 이론에서는 능력과 성과가 성공을 결정한다. 실제에서는 그것들은 생존에 부속한다. 생존은 업적이나 실력보다 더 중요하다.

---

*1일 동안 부상 당하지 않을 확률 (1-0.001)
1년(180일) 동안 부상 당하지 않을 확률 $(1-0.001)^{180}$ = 0.8352
12년 내내 부상 당하지 않을 확률 = 0.8352^{12} = 0.1152
12년 중 한 번이라도 부상 당할 확률 = 1-0.1152 = 0.8848

마지막으로 한 가지 중요한 구별이 더 있다. 에르고드는 개인 차원과 시스템 차원이 별개로 존재한다. 개인으로서 에르고드하지 않은 일이 시스템에게는 에르고드한 일일 수 있다. 일례로, 탈레브는 『스킨 인 더 게임』에서 "러시아 룰렛 중에 발생하는 나의 죽음은 나에게 에르고드하지 않지만 시스템에게는 에르고드하다."라고 말했다.

탈레브는 다른 사실도 지적했다. "내가 『안티프래질』에서 보였듯이, 부분의 취약성은 시스템의 결속을 확보하기 위해 요구된다."고 썼다. 모집단은 구성원을 비가역성에 노출시킴으로써 모집단 자신의 비가역성에 대한 노출을 줄일 수 있다. 극단적인 비유를 들자면, 무모한 운전자가 차 사고로 죽고 나면 도시 전체는 좀 더 안전해진다. 달리 말해 시스템이 여러분의 비가역한 파산을 오히려 반길 수 있다는 의미다. 여러분이 바둑판의 버리는 돌이 되지 않도록 조심할 일이다.

그렇다면 그런 처지를 피하려면 어떻게 해야 할까? 상징적인 예로써 설명해보겠다. 연예인이 되려고 시도하는 일은 개인의 관점에서 커다란 경제적 돈내기다. 잘되면 대박이지만 그럴 가능성은 높지 않다. 적지 않은 시간을 들였음에도 연예인이 되는 데 실패하면 다른 일을 하기가 쉽지 않다. 잘못하면 막다른 골목에 내몰릴 수 있다는 얘기다.

에르고드 이코노미

한편으로 연예인 지망생 혹은 연습생은 돈내기의 대상이다. 돈 내기를 하는 곳은 연예기획사다. 연예기획사는 모든 연습생의 성공을 기대하지 않는다. 똘똘한 한 명 혹은 한 팀만 크게 성공하면 회사를 꾸려나가는 데 어려움이 없다. 연습생 개인의 삶이 에르고드하지 않아도 연예기획사는 리스크를 다각화해 자신이 에르고드하도록 만들려 한다.

그러므로 연습생은 스스로 에르고드해지려고 노력할 일이다. 실패를 하더라도 굴하지 않고 또 다른 내기에 나설 수 있는 회복 탄력성을 갖춰야 한다. 연습생을 예로 들었지만 스타트업도 마찬가지다.

구성원과 시스템의 에르고드가 다르다는 사실은 개인에게도 성립된다. 여러분 개인이 갖고 있는 습관과 신념 등은 여러분이라는 통에 담긴 개별 구성원일 뿐이다. 즉 시스템 관점에서 죽어도 큰 문제가 되지 않는 내기일 뿐이다. 나쁜 버릇과 생각을 외부의 피드백으로 죽일 수 있으면 시스템인 여러분은 더 강해진다. 그 모든 내기를 다 살리려 들면 시스템인 여러분이 위험해진다. 자연 선택이 여러분이 아닌 여러분의 습관에 작용하도록 만들 일이다.

5장

에르고드 경제학의 지표: 소수의 부자가 아닌 모두의 성장 추구

효율이라는 개념을 최초로 만든 분야는
물리학과 기계공학이다_____

효율은 반대하기가 쉽지 않은 개념이다. 더 효율적이라는 뭔가
를 거부했다가는 불합리한 인간으로 몰릴 수 있다. 『표준국어대
사전』은 효율을 '들인 노력과 얻은 결과의 비율'이라고 설명한다.
말하자면 입력에 대한 효과의 비율이다. 예를 들어, 똑같은 1시간
을 들여 수학 문제집 1장 풀 것을 2장 푸는 방법이 있다면 그런
방법을 택하는 게 마땅하다.

 흔하게 들을 수 있는 단어지만 효율은 일상 대화와는 거리가
있다. 그보다는 전문가의 의견이나 분석 보고서 등에 어울린다.

"효율이 어떻다"는 말은 그 말을 하는 사람의 주장에 권위의 위엄을 서리게 한다. 시험 삼아 네이버 뉴스에서 효율을 검색하니 만 하루 동안 효율이란 말이 포함된 기사가 모두 2,181개가 검색되었다.* 효율이라는 단어가 얼마나 인기 있는지를 이로부터 짐작해볼 만하다.

효율을 중요한 개념으로 다루는 분야는 한둘이 아니다. 먼저 물리학을 이야기하지 않을 수 없다. 물리학의 많은 원리는 효율 개념 위에 세워져 있다. 대표적인 예가 해밀턴의 원리다.

윌리엄 로언 해밀턴은 1805년 아일랜드에서 태어난 수학자이자 물리학자다. 어려서부터 수학과 언어의 신동 소리를 듣던 해밀턴은 더블린 교외의 던싱크천문대에서 한평생 왕립천문가로 일했다.

1834년에 정립한 해밀턴의 원리는 변분 원리variational principle 혹은 최소 작용의 원리라는 이름으로도 불린다. 무한차원 공간에서의 미적분법으로 이해 가능한 변분법은 적분으로 표현되는 에너지를 최소로 만드는 곡선을 찾는 방법이다.

조금 더 풀어서 설명하면 해밀턴의 원리는 여러 입자들로 구성된 시스템이 한 지점에서 다른 지점으로 움직일 때 이론적으로

---

* 2022년 11월 7일 오후 8시 30분이었다.

가능한 모든 경로 중 시스템의 운동에너지에서 위치에너지를 뺀 값을 시간에 대해 적분한 결과를 최소화하는 경로를 따라 이동한다는 원리다. 쉽게 말해 자연은 에너지를 쓸데 없이 낭비하지 않고 변화한다는 의미다. 수학적으로 아름다운 해밀턴의 정리는 고전역학뿐 아니라 전자기학, 양자역학, 양자장론에서도 중요한 역할을 하고 있다.

물리학 이상으로 효율을 중요하게 여기는 분야가 있으니 바로 경제학이다. 『케임브리지사전』은 '경제적인'으로 번역하는 영어 단어 이코노미컬economical을 '연료나 돈 등을 많이 사용하지 않는'이라고 설명한다. 즉 경제적이라는 말은 낭비하지 않고 절약하는 상태를 가리킨다. 경제가 원래 집안 살림이라는 사실로 미루어 보건대 당연한 이야기다.

19세기 말 경제적이라는 단어가 새롭게 정의되었다. '많이 소모하지 않는' 앞에 '같은 결과를 얻으면서'라는 뜻이 내재되기 시작했던 것이다. 덜 쓰면서 같은 효과를 얻는 것은 정확히 효율에 관한 결정이다. 이때부터 경제 문제라는 말이 '제한된 자원을 어떻게 최선으로 활용할 수 있을까?'라는 뜻을 가리키게 되었다.

이후 경제학은 이른바 경제 문제를 경제학의 기반으로 삼았다. 경제학에 의하면 경제 문제가 발생하는 이유는 끝이 없는 인간의 필요와 욕망에 비해 한계가 있기 마련인 자원의 희소성 때문이다.

언제나 더 많은 돈을 원하는 호모 에코노미쿠스를 가정하는 경제학에게 인간의 욕망이 무한하다는 것은 당연한 귀결이었다.

경제학은 효율을 배경으로 삼는 데에 그치지 않고 명시적인 개념으로 끌어 올렸다. 웹사이트 인베스토피아는 경제의 효율성을 다음처럼 정의한다.

"경제에서 모든 재화와 생산요소가 가장 가치 있는 사용에 분배되거나 할당되고 (그럼으로써) 낭비가 제거되거나 최소화될 때 경제의 효율성이 있다."

위의 정의에서 3장에 나왔던 개념 한 가지를 발견하기란 그렇게 어렵지 않다. 바로 최적화다. 즉 경제의 효율성이란 달리 말해 같은 출력이라면 입력을 최소화하고 같은 입력이라면 출력을 최대화하는 개념이다. 결과적으로 경제학은 알파에서 오메가까지 효율의 토대 위에 세워져 있다.

그렇다면 경제학은 어디에서 효율의 개념을 가져왔을까? 한 가지 힌트를 사전에서 찾을 수 있다. 『표준국어대사전』은 효율의 두 가지 뜻 중 하나로 '기계의 일한 양과 공급되는 에너지와의 비'를 든다. 여기서 '기계'라는 단어가 괜히 나온 게 아니다. 실제로 효율이 공식적으로 정의된 최초의 대상이 바로 기계인 엔진이었다.

즉 경제학은 효율이라는 개념을 기계공학에게 배웠다.

19세기 초 엔진을 개발하고 연구하던 기계 엔지니어들은 엔진의 효율을 '엔진이 행하는 기계적 일을 엔진에 공급되는 열에너지로 나눈 값'으로 정의했다. 열역학에서 엔진이 행하는 기계적 일은 엔진에 공급된 열에너지에서 엔진에서 빠져 나가는 열에너지를 뺀 값과 같다. 같은 열에너지를 주었을 때 엔진이 되도록이면 더 많은 일을 하게 하는 디자인을 찾는 과정에서 열 효율은 중요한 지표였다.

엔진 효율의 극한을 정의한 사람 역시 엔지니어였다. 1796년 프랑스에서 태어난 니콜라스 사디 카르노가 1824년에 쓴 책에 나오는 일명 카르노 순환$^{Carnot\ Cycle}$이 그 결과다. 카르노 순환은 엔트로피가 증가하지 않은 가역과정에 기반한다. 실제 기체의 엔트로피는 증가하기 마련이므로 현실의 엔진은 방식이 무엇이든 간에 카르노 엔진보다 효율이 낮을 수 밖에 없다.

카르노는 단순한 엔지니어기 아니었다. 카르노는 엑스라는 별명으로도 불리는 프랑스의 엘리트 사관학교, 즉 에콜폴리테크닉을 졸업한 군인이기도 했다. 에콜폴리테크닉은 보통의 사관학교가 아니라 최고 수준의 공병 장교를 길러내는 곳이었다. 카르노는 엑스에서 앙드레마리 앙페르, 조제프 루이 게이뤼삭, 시메옹 드니 푸아송 등에게 배웠다.

사디 카르노를 이야기하면서 그의 아버지인 라자르 카르노를 이야기하지 않을 수는 없다. 라자르는 1795년부터 1799년까지 혁명기의 프랑스 공화국 총재정부를 이끈 5명의 총재 중 1명이었다. 라자르는 1795년 당시 그저 젊고 유능한 포병 장교일 뿐이던 나폴레옹 보나파르트를 이탈리아 원정군 사령관으로 임명한 장본인이었다.

1799년 쿠데타로 통령이 된 나폴레옹은 자기보다 16살 많은 라자르를 1800년에 전쟁장관으로 임명했다. 또 1815년 나폴레옹의 마지막 전쟁이었던 워털루 전투 때 라자르는 내무장관을 맡았다. 라자르와 나폴레옹의 가까운 관계는 나중에 프랑스가 왕정으로 복고된 후에는 오히려 프랑스군 내에서 아들 사디의 진급에 장애물이 되었다. 만년 소위를 벗어나지 못하던 사디 카르노는 1828년 연금 없이 전역했고 가난한 삶을 살다가 1832년 콜레라로 죽었다.

경제학의 최적과 효율은 오직 일차원적인 전체에만 관심을 둔다_____

카르노의 이야기를 길게 한 데에는 이유가 있다. 오늘날까지도 경제학이 효율성의 시금석으로 삼고 있는 이론을 수립한 사람 때문이다. 바로 1848년 파리로 망명 와 있던 이탈리아 귀족의 아들로

에르고드 이코노미

태어난 빌프레도 파레토다. 10명이 일을 하면 그중 2명이 전체의 80퍼센트에 해당하는 결과를 만들어낸다는 일명 파레토 법칙으로 잘 알려진 사람이다.

11살 때 이탈리아로 가족과 함께 돌아온 파레토는 1869년 튜린 대학에서 박사학위를 받았다. 파레토가 박사를 받은 분야는 경제학이 아니었다. 그의 학위논문 제목은 '고체에서 평형의 근본 원리'였다. 즉 그는 경제학과 무관한 공학박사였다.

미국기계공학회가 1880년에 설립됐다는 사실에서 미루어볼 수 있듯이 당시에는 기계공학이라는 용어가 따로 존재하지 않았다. 그럼에도 고체역학은 기계공학의 근간을 이루는 분야다. 기계 엔지니어인 파레토가 카르노의 효율 개념을 접했을 가능성은 충분히 크다. 실제로 파레토는 박사학위 후 이탈리아 국영철도회사에 엔지니어로 들어갔다. 이어 산지오반니 발다르노 철공회사를 거쳐 이탈리아 국립철공회사의 임원이 되었다. 말하자면 그는 경제학을 정식으로 배운 적이 없었다.

일을 하면서 경제에 관심이 생긴 파레토는 경제학을 혼자 힘으로 익혔다. 기계 엔지니어로서 수학을 쉽게 구사하는 그는 당시의 정치경제학자들에게 낯선 경제이론을 전개했다. 게다가 경제학을 독학한 그는 경제학의 모든 학파로부터 자유로웠다. 39살 때인 1886년에 피렌체대학의 경제학 강사가 된 파레토는 1893년 건강을 잃기 시작한 레옹 발라의 후임으로 로잔대학의 정치경제학 교수가 되었다.

파레토는 경제의 최적 상태를 정의했다. 그가 실제로 사용한 '최적'이라는 단어로부터 그가 경제의 문제를 최적화 문제로 봤음이 드러난다. 파레토에게 경제의 최적 상태란 모든 생산 요소가 이미 사용이 되고 있어서 더 이상 생산을 늘릴 방법이 없는 상태였다. 달리 말해 아직 사용이 되고 있지 않은 요소가 있다면 그것은 사회적인 낭비였다.

경제학이 중요하게 여기는 효율은 파레토 효율이 전부가 아니다. 런던정치경제대학의 니컬러스 칼도와 존 힉스가 함께 만든 일명 칼도-힉스 효율도 있다.

파레토 최적이 달성되고 나면 파레토의 기준에서 더 이상 개선할 여지가 없다. 왜냐하면 파레토는 최소한 어떤 사람이 이전보다 손해를 보면서 다른 사람이 이익을 보는 일을 경제의 관점에서 좋아졌다고 정의하지는 않았다.

칼도와 힉스는 그러한 상태가 충분히 효율적이라고 생각하지 않았다. 비록 어떤 사람이 손해를 볼지라도 그 손해의 크기보다 다른 사람이 얻는 이익의 크기가 더 크다면 그들은 경제의 효율이 증가된다고 보았다. 그게 바로 칼도-힉스 효율이다.

간단한 숫자로 파레토 효율과 칼도-힉스 효율의 예를 들겠다.

바가지라는 이름의 나라에 10이라는 전체 자원이 있다. 바가지에는 보미와 기미라는 두 명의 국민이 산다. 기미가 그중 3을 가지고 있었고 보미가 2를 가지고 있었다. 나머지 5의 자원은 어느 누구의 소유도 아니었다. 파레토의 기준에 당시의 바가지는 비효율적이었다.

어느 날 갑자기 기미가 5의 공용재를 자신의 소유물로 선언했다. 이제 기미의 자원은 8이 되고, 보미의 자원은 그대로 2였다. 더 이상 주인 없는 자원은 남아 있지 않았다. 파레토의 기준으로 바가지는 이제 최대로 개선된 최적의 나라로 발전했다. 즉 파레토 최적이 달성된 것이다.

그런데 8을 가진 기미가 보미가 가진 2마저 탐이 났다. 기미가 보미가 가진 것을 빼앗으면 최소한 파레토의 기준으로는 퇴보다. 칼도-힉스 효율로는 그렇지 않다. 기미가 보미의 1을 빼앗아 그 가격을 2로 올리면 칼도-힉스 효율은 높아진다. 보미가 1의 손해를 봤지만 기미가 2의 이익을 얻었기 때문에 전체의 효율이 올라갔다는 생각이다.

즉 파레토 최적과 칼도-힉스 효율은 둘 다 총량의 증가를 중요하게 여긴다. 앞의 첫 번째 상황이 파레토 최적인 이유는 개인의 소유가 된 자원의 총량이 5에서 10으로 늘었고 더 이상 늘어날 방법이 없기 때문이다. 또한 앞의 두 번째 상황이 칼도-힉스 효율인 이유는 자원의 전체 가격 혹은 효용이 10에서 11로 늘어났기 때문이다. 결과적으로 경제학의 최적과 효율은 일차원적인 전체에만 관심을 둔다.

이처럼 경제학의 최적과 효율은 우리의 상식과 거리가 있다. 전체 숫자는 커졌지만 그게 전부일 리는 없다. 즉 경제학의 효율은 겉으로 보기에는 합리적인 생각 같지만 거기에는 숨겨진 정치적 의도가 있다.

먼저 파레토는 낭비되고 있는 요소가 있는지만 신경을 썼을 뿐, 그 요소를 누가 어떻게 차지하게 되었는지는 상관하지 않았다. 기미가 추가로 차지한 자원은 보미와 같이 사냥하던 숲일 수도 있고, 보미와 같이 물고기를 잡던 바다일 수도 있고, 보미와 같이 숨을 쉬던 대기일 수도 있었다. 그러한 사실은 파레토에게 중요하지 않았다.

왕이나 힘센 귀족이 무력이나 법 기술을 동원하여 공공재를 독차지하면 그것은 최적을 향한 개선으로 박수를 받을 일이었다. 후대의 경제학자들은 최적 대신 효율이란 단어로써 파레토의 개념을 바꿔 불렀다. 이름하여 파레토 효율이다.

파레토의 최적 혹은 효율에는 이유가 있다. 태생이 귀족인 파레토는 힘센 자의 지배를 당연하게 여겼다. 그는 민주주의가 환상이자 사기라고 주장했다. 그에게 평민은 그저 개돼지일 뿐이었다.

파레토의 생각은 20세기 초반 베니토 무솔리니의 파시즘이 이탈리아에서 권력을 쥐게 만드는 사상적 배경이 되었다. 실제로 무솔리니는 22살 때인 1904년 로잔대학에서 파레토의 강의를 들었다. 살았던 시기가 무솔리니와 겹치는 칼 포퍼는 파레토에게 "전체주의의 이론가"라는 별명을 지어 주었다.

기본적으로 칼도-힉스 효율은 파레토 효율에서 한 걸음 더 나아간 개념이다. 기미가 보미의 땅을 빼앗아 거기에 고층 건물을 올려 큰 돈을 벌면 칼도-힉스 효율은 높아진다. 또 기미가 자기 땅에 공장을 지어 대기 오염을 일으키는 물질을 무단 방출해도 큰 돈을 벌면 칼도-힉스 효율은 올라간다. 보미가 입은 피해를 돈으로 환산한 금액보다 기미가 번 돈이 더 크기 때문이다.

이러한 일을 합리화해주는 이론을 개발한 공로로 힉스는 1972년 스웨덴중앙은행상을 받았다.

불평등한 세계의 동역학:
균형을 믿는 경제학과 어떻게 다를까_____

경제학이 균형을 자신의 세계관으로 삼고 있다는 사실은 잘 알려져 있다. 특히 미시경제학은 호모 에코노미쿠스와 시장이 만나 아름답고 안정한 균형을 이룬다고 말한다. 그러한 세계관에 따르면 외생적인 교란의 효과는 금세 사라지며 경제는 수요와 공급의 자동적인 작동으로 공정한 시장 가격을 곧바로 발견한다.

앞의 2장에서 이야기했듯이 경제학의 균형은 19세기의 열역학에서 유래했다. 볼츠만은 에르고드 가정을 도입해 열역학적 평형이라는 개념을 수립했다. 경제학의 균형은 열역학적 평형을 좇아 만든 개념이다. 한국어로 균형과 평형은 미묘한 의미 차이가 있다. 알고 보면 경제학의 균형과 열역학의 평형은 영어로는 이퀼리브리엄^equilibrium이라는 한 단어다.

어떤 대상이 평형 상태에 있으려면 만족되어야 하는 몇 가지 조건이 있다. 가장 중요한 두 가지만 이야기하자면 하나는 평형 상태를 성공적으로 묘사할 수 있는 수학 모형의 존재이고, 다른 하나는 외부에서 에너지를 가하지 않고 내버려 두었을 때 실제로 평형 상태로 안정해진다는 경험적 또는 실험적 사실의 존재다. 전자가 가설이라면 후자는 검증이다. 둘은 서로 마주쳐야 소리가 나는 손바닥과도 같다.

일부의 물리계는 실제로 평형 상태에 놓여 있다. 파레토가 공부했던 고체는 연속체의 수준에서 힘의 평형을 이루고 있다. 고체가 평형 상태에 놓여 있다고 이야기할 수 있는 이유는 이를 묘사할 이론과 검증할 실험이 있기 때문이다.

---

*물체의 위치 변화량.

모든 물리계가 평형 상태에 놓여 있지는 않다. 고체도 외부에서 지속적으로 무작위한 힘을 가하면 결코 평형 상태에 놓일 수 없다. 안정한 변위*와 속도를 가지기도 전에 계속 새로운 가속도가 주어지기 때문이다. 이때의 비평형은 이론과 실험이 없어서가 아니라 안정한 상태가 되기에는 상대적으로 외부의 힘이 크기 때문이다.

외부의 힘 없이 내생적인 힘만으로 비평형 상태에 놓이는 물리계도 있다. 대표적인 예가 바로 핵분열 반응이다. 방사성 물질이 임계질량을 넘어서면 원자핵이 부서지면서 중성자를 방출한다. 그렇게 배출된 중성자들은 또 다시 다른 원자핵을 부수고 결과적으로 더 많은 중성자가 방출된다. 곱셈으로 증가되는 그 과정은 평형과는 정반대다. 그게 평형이었다면 1945년 7월 16일 미국 뉴멕시코 알라모고도 공군기지 주변에 또 하나의 태양이 뜨지 않았을 것이다.

현실적인 한계가 시스템의 평형이 존재하지 않는 것과 다름 없게 만드는 때도 있다. 예를 들어, 평형이 될 때까지 가령 100년이 걸린다면 그때의 평형은 있으나 마나다. 100년이라는 시간 동안 외부나 내부의 힘이 나타나지 않는다고 믿기도 어렵고 또 믿는다고 하더라도 그 사이에 관찰자가 죽어버리기 때문이다. 안정한 평형 상태에 도달하는 데 걸리는 시간, 이른바 과도 시간이 너무 긴 시스템의 평형은 사실상 없는 거나 마찬가지다.

이유가 무엇이건 간에 평형이 아닌 시스템을 다룰 때 반드시 필요한 것이 있다. 평형이 아니라는 이야기는 시간에 따라 변한다는 이야기다. 다시 말해 시스템의 변수 자체가 변하지 않는 값인 상수가 아니라 시간의 함수로 표현되어야만 한다. 평형이 아닌 시스템에서 시간을 무시할 방법은 없다. 시스템의 상태가 시간에 따라 변하기 때문이다. 시간이 무시된 비평형 시스템의 설명은 전면적으로 틀린 해다. 한마디로 동역학dynamics*이 아니면 비평형 시스템을 다룰 수 없다.

경제를 일종의 물리계로 생각해볼 수 있을까? 아예 불가능한 일은 아니다. 경제학자들은 이미 경제를 19세기 열역학에 비기어 평형한 시스템으로 보았다. 평형하기 때문에 수요-공급 법칙에 의해 안정한 공정 가격을 발견할 수 있다. 평형하지 않다면 수요-공급 법칙의 작용에도 불구하고 시장의 조절과 가격은 근본적으로 불안정할 수 밖에 없다.

경제학이 상상한 경제는 비유하자면 증기기관의 실린더에 갇혀 있는 증기와 같다. 그것은 에르고드하며 변화하지 않는다. 말하자면 평형 세계관 위에 놓여 있다. 평형인 증기의 거시 변수에

---

*상태를 시간의 함수로 표현하거나 시간의 변화에 따른 상태의 변화에 주목하는 학문이 동역학이다.

　　　　　　　　　　　　에르고드 이코노미

는 온도, 압력, 부피 등이 있다. 경제의 거시 변수는 국내총생산이나 무역수지 등이다. 평형인 증기의 거시 변수가 안정하듯이 경제의 평형 세계관이 옳다면 경제의 거시 변수도 시간의 변화에 무관하게 안정해야 마땅하다.

경제의 평형 세계관은 출발선을 떠나자 마자 타이어에 펑크가 나고 만다. 경제학이 중요하게 여기는 경제 성장이라는 측면 때문이다. 성장은 곧 시간에 따른 증가를 의미하며 이는 동역학이 필수임을 뜻한다.

실제의 경제는 비유하자면 반응속도가 조절된 핵분열 반응과 같다. 그것은 기본적으로 평형이 아닌, 불안정한 비평형 시스템이다. 기업과 개인과 은행이 원하는 대로 하도록 내버려두고 아무런 규제도 하지 않으면 자산 버블이 일어난다. 자산 버블은 영원히 계속될 수 없고 결국 터진다. 자산 버블이 영원히 계속될 수 없다는 사실은 역사가 증명한다. 역사적으로 모든 버블은 터졌다.

핵분열 반응과 중성자의 관계는 경제와 돈과의 관계와 같다. 중성자 수 조절에 실패하면 핵폭발이 나듯이 돈 수량 조절에 실패하면 자산 버블이 생긴다. 예전 귀금속 화폐를 쓰던 시절에는 남아메리카의 금광, 은광 발견이나 캘리포니아의 사금 발견 때문에 자산 버블이 생겼다. 요즘에는 은행이나 그림자 금융의 대출 통제 실패가 자산 버블의 주된 원인이다.

경제의 거시 변수가 시간에 대해 불변이 아니라는 사실은 또 다른 함의가 있다. 바로 거시 변수 속에 뭉뚱그려진 개인의 경제 상태다. 국가의 국내총생산이 변하는데 개인의 재산과 소득이 변하지 않을 리 없다. 평균의 외양에 가려진 다양한 사람들의 삶의 변화를 모르고서는 경제를 논할 수 없다.

경제에서 불평등은 쉽게 확인된다. 파레토가 최초로 관찰했듯이 개인의 재산 분포는 멱법칙^{power law}을 따른다. 멱법칙이란 어떤 값이 다른 값의 거듭제곱으로 표현되는 관계를 의미한다. 예를 들어, y가 x의 세제곱과 같으면, 즉 $y = x^3$이면 y는 멱법칙을 따르는 대상이다. $y = \dfrac{1}{x^3}$ 또는 $y = x^{-3}$도 마찬가지다.

멱법칙을 따르는 대상은 불평등하고 불균형한 모습을 보이기 마련이다. 쉽게 말해 상위 20퍼센트가 전체의 80퍼센트의 파이를 가진다는 뜻이다. "불평등이 없는 공정한 세상"을 만들어가려는

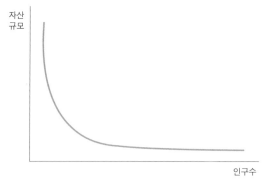

● 불평등은 멱법칙으로 표현될 수 있다.

국제구호개발기구 옥스팜에 의하면 62명의 부자가 가진 재산이 돈 없는 전세계 인구의 반이 가진 재산과 같다. 멱법칙을 따르는 대상에서 완전히 평등한 결과를 기대하기는 무리다.

그렇다고 그게 불평등이 당연하다는 근거가 될 수는 없다. 불평등도 불평등의 수준이 있기 때문이다. 불평등이 있다면 그게 더 심해지는지 혹은 줄어드는지를 따져 볼 일이다. 달리 말해 불평등 자체가 안정하지 않은 비평형 거시 변수다. 한 나라의 경제에서 불평등 심화의 억제는 중요한 정책적 목표다. 그걸 목표로 하지 않는 국가는 스스로를 뭐라고 부르건 민주국가가 아니다.

왜 극소수의 승자가 사실상
모든 파이를 독차지하게 되는가_____

마이클 모부신은 금융계에서 잔뼈가 굵은 사람이다. 조지타운대학을 졸업하고 크레디트스위스에서 주식 애널리스트로 일을 시작한 그는 이후 자산운용사인 레그메이슨과 헤지펀드인 블루마운틴을 거쳤다. 사실 그런 정도의 경력을 가진 사람이 금융계에 없지는 않다. 모부신이 특별한 이유는 그가 그동안 써왔던 책에 있다. 개인적으로도 2012년에 나온 그의 책 『성공 방정식』*을 읽

* 한국어판 제목은 『마이클 모부신 운과 실력의 성공 방정식』(에프엔미디어, 2019)이다.

고 나중에『세 가지 열쇠』라는 내 책의 모티브로 삼은 적이 있다.

2017년 모부신은 자신의 트위터에 제이슨 즈와이그의 기사를 리트윗했다. 기사에 공감한다는 의미였다. 즈와이그는 2008년 이래로『월스트리트저널』에 개인 금융을 주제로 자기 이름으로 고정 칼럼을 연재하는 사람이었다. 모부신이 리트윗한 기사의 제목은 '미국 자본주의의 불안감을 주는 새로운 사실들'이었다.

기사의 핵심은 시가총액이나 순이익과 같은 기업의 경제적 힘이 점점 소수의 기업에게 집중되고 있다는 관찰이었다. 이는 단순히 테크 영역에 그치지 않고 소매와 부동산 서비스 같은 영역에서도 찾아볼 수 있었다. 이러한 추세의 결말은 예상하기 어렵지 않았다. 시간이 감에 따라 극소수 기업의 시장 독점이 나타나기 마련이었다.

즈와이그는 무엇이 불안감을 주는지를 다음의 문장으로 정리했다.

"현대 자본주의는 기업이 커짐에 따라 둔하고 나태해지며 그 결과 날렵하고 배고픈 경쟁자에게 따라 잡히게 된다는 생각 위에 세워져 있다."

즉 경쟁이 자본주의의 핵심이라는 믿음이 현실의 경제에서 부정되고 있다는 얘기였다. 독점은 애덤 스미스가 혹독하게 비판을 가하던 시장의 암적인 모습이기도 했다. 일례로, 1990년에 37

개였던 미국 은행들이 여러 가지 이유로 인수합병을 반복한 결과 2009년에는 씨티그룹, 제이피모간, 뱅크오브아메리카, 웰스파고 4개로 정리되었다.

소수에게 경제적 힘이 쏠리는 게 기업만의 현상은 아니다. 파리 경제대학의 토마 피케티는 『21세기 자본론』에서 개인의 소득 증가율에 비해 자산의 수익률이 역사적으로 더 높았다는 사실을 밝혔다. 상징적으로 말하자면 연봉이 인상돼도 세 들어 살고 있는 집의 집값 뛰는 걸 쫓아갈 방법이 없다는 뜻이다.

힘을 가진 소수가 엄청난 재산을 숨겨 놓고 있다는 사실도 드러났다. 기념비적인 사건으로 2016년 4월 일명 파나마 페이퍼스의 공개를 들 수 있다. 여기에는 21만 개가 넘는 조세회피처 계좌의 구체적인 정보가 담겨 있었다. 역외 계좌 관리를 전문으로 했던 모사크 폰세카의 자료였기에 공신력은 충분했다. 모사크 폰세카는 독일인 변호사 유르겐 모사크와 파나마인 소설가이자 변호사인 라몬 폰세카가 1977년에 세운 파나마이 법무 법인이었다.

파나마 페이퍼스에 등장하는 인물들의 면면은 다양했다. 전세계 여러 나라의 전현직 왕과 대통령, 수상과 같은 정치인과 그들의 자녀, 손주, 가족, 친척 등이 조세회피처 계좌를 보유했다. 그 계좌들의 상당수는 탈세는 물론이고 자금 세탁, 국제적인 금융 제재의 불법 회피, 심지어 사기의 경로로 이용되었다. 모사크 폰세카는 2018년 파산했다.

전세계의 권력자들이 돈을 어떻게 빼돌렸는지가 이 책의 관심사는 아니다. 그보다는 경제의 관점에서 불평등이 어떻게 변화하는지에 관심이 있다. 돈이 많기로는 사실 정치인보다 비즈니스를 하는 사람이 주되다.

불평등에 관해 두 가지 생각이 있을 수 있다. 하나는 경제학의 균형에 기반한 생각이다. 말하자면 이 세상을 증기기관의 실린더 안에 있는 증기와 같이 보는 세계관이다. 이러한 세계관에서 거시 변수인 불평등은 시간에 대해 안정하다. 즉 불평등이 불가피하더라도 불평등의 정도 자체는 변하지 않는다.

여기서 불평등이 안정하다는 말은 한번 부자인 사람은 계속 언제나 부자로 남고 가난한 사람은 평생 빈자라는 뜻은 아니다. 유산으로 물려 받은 건물을 탕진하고 궁핍해질 수 있고 개천에서 용이 날 수도 있다. 다만 사람은 바뀔지언정 거시적인 분포는 대략 같다는 의미다. 이런 생각을 갖고 있기에 경제학은 자유방임이 당연하다고 말한다. 괜스레 시장에 개입하지 말고 아무 걱정 없이 가만있어도 된다는 얘기다.

다른 하나는 에르고드 경제학의 동역학에 기반한 생각이다. 이를테면 이 세상을 핵분열 반응이 일어날 수 있는 방사성 물질이 가득한 원자로 내부로 보는 세계관이다. 여기서는 은과 붕소로 만든 제어봉을 어떻게 쓰는지에 따라 날벼락 같은 폭발도 가능하고 얌전한 발전도 가능하다. 이러한 세계관에서 불평등은 시간에 따라 변할 수 있다.

기업의 규모와 개인 재산의 상대적 분포는 실제로 시간에 대해 어떠한 모습을 보일까? 즈와이그가 살펴본 데이터에 의하면 그것들은 시간에 대해 안정하지 않았다. 평형 상태의 기체가 아니라 핵분열 반응이 불평등을 결정한다는 의미다. 50년마다 반복되는 구약시대의 빚 탕감, 즉 주빌리의 존재는 불평등이 자라기 마련이라는 역사적 증거이기도 하다.

불평등이 심해지고 있다는 즈와이그와 모부신의 판단에 동의하는 사람 중에 코넬대학의 로니 마이클리가 있다. 마이클리는 그러한 현상의 원인도 지목했다. 1990년대 말 이후로 미국에서 반독점법의 집행이 약해졌기 때문이라는 설명이었다. 이러한 설명은 불평등은 내버려두면 계속 커지기만 할 거라는 생각과 다르지 않다.

마이클리의 설명은 뒤집어 들을 부분이 있다. 어떤 정책과 제도를 운영하는지에 따라 불평등이 달라질 여지가 충분히 있다는 의미기 때문이다. 실제로도 시기에 따라 불평등이 제자리에 멈춰 있거나 또는 줄어들던 때도 없지는 않았다. 달리 말하면 완전히 손놓고 바라보기만 할 대상은 아니라는 얘기다. 구약시대에도 주빌리를 통해 불평등을 통제했다.

다행한 일은 재물이 소수의 손에 집중되는 과정을 묘사하는 이론을 이미 우리가 가지고 있다는 점이다. 금융파생거래인 옵션의 가격을 구할 목적으로 개발된 수리금융론mathematical finance이 그것이다. 수리금융론에서 가격과 재산은 일정한 비율의 곱셈으로 커지면서 동시에 우연에 따르는 요소도 그 커지는 비율에 작용한다. 그 값들이 시간에 따라 기계적으로 변하지 않기에 불균형한 가격과 재산의 변동을 묘사하기에 적합하다. 이는 옵션 트레이더들에게 늘 숨쉬는 공기와도 같은 이론이다.

아무리 공기 같더라도 여기서 그걸 제대로 전개하는 건 욕심이다. 복잡한 수식이 나오기 시작하면 책을 덮어버릴 사람이 많을 터다. 그래서 결과만 이야기하려 한다. 자세한 수식을 보고 싶은 사람이라면 2000년에 장 필립 부쇼와 마르크 메자르가 쓴 논문을 첫 출발점으로 삼아도 좋다. 프랑스의 에콜노르말 쉬페리외르의 물리학 박사인 부쇼는 자신의 금융회사 시앙스 에 피낭스를 설립하기 전에 공교롭게도 프랑스원자력대체에너지위원회의 응집물질물리연구소에서 일했다. 부쇼는 20세기 이후의 물리이론을 경제에 적용하는 일명 경제물리학economyphysics의 주도적 인물 중 한 명이다.

기하브라운 운동은 브라운 운동의 한 종류로서 수리금융론의 가장 기본이 되는 모형이다. 브라운 운동은 무작위한 확산 현상을 가리키는 말이다. 19세기 초 로버트 브라운이 꽃가루에서 나온 작은 입자가 수면 위를 무작위하게 떠다니는 현상을 관찰한 데서 그 이름이 비롯되었다. 무명의 스위스 특허청 심사관이었던 알베르트 아인슈타인이 1905년 브라운 운동을 묘사하는 수학 모형을 최초로 제안해 세상에 이름을 알린 일화는 꽤나 유명하다.

20세기 전반 매사추세츠기술원의 노버트 위너는 브라운 운동을 일반화한 수학적 모형으로서 이른바 일반화된 위너 과정을 제시했다. 일반화된 위너 과정은 시간에 비례해 선형적으로 증가하는 부분과 정규분포를 갖는 무작위한 변동이 더해진 확률과정이다. 수학을 공부한 사람들에게 일반화된 위너 과정은 이토 확산 과정Ito diffusion process이라는 이름으로도 잘 알려져 있다. 교토대학의 이토 기요시가 증명한 이토 확산 과정은 1970년대 옵션을 가격을 계산하는 블랙-숄스 공식의 유도에 결정적인 역할을 했다.

기하브라운 운동은 대상 자체가 아니라 대상의 자연로그가 일반화된 위너 과정일 때에 해당한다. 즉 시간이 감에 따라 일정한 비율로 커지게 만드는 추세 성분과 무작위한 변동에 해당하는 확산 성분이 동시에 작용한다. 여기서 확산계수는 우연의 크기를 나타내며 옵션 트레이더들 사이에서는 변동성이라는 이름으로도 불린다.

기하브라운 운동의 추세 성분과 확산 성분의 설명을 들은 일반인들은 확산 성분은 단기적인 변동에만 영향을 줄 뿐 장기적인 결과에 영향을 주지 않는다고 보통 짐작한다. 마치 평균을 중심으로 서로 상쇄된다고 생각하는 듯하다. 반면에 추세 성분은 기계적으로 일정하게 작용하기에 장기적으로 오직 이것만 중요할 거라고 여긴다. 안타깝게도 이러한 짐작은 사실과 맞지 않는다.

흥미롭게도 기하브라운 운동을 따르는 대상은 그 값이 시간 평균의 관점에서 추세 성분의 지수함수로 성장하지 않는다. 그 시간 평균은 추세계수에서 변동성의 제곱을 2로 나눈 값을 뺀 값과 같다. 달리 말하면 기하브라운 운동에서 성장의 시간 평균은 앙상블 평균보다 반드시 작다. 그러므로 아무리 추세가 양수라 하더라도 변동성의 크기가 크다면 시간 평균이 음수가 될 수 있다. 즉 기하브라운 운동은 에르고드하지 않다.

한 가지가 더 있다. 기하브라운 운동을 따르는 대상은 안정하지 않다. 평형이 성립될 수 없는 대상이라는 뜻이다. 개인의 재산 증감이 기하브라운 운동을 따른다면 그러한 재산의 분포는 타고난 성질이 불안정하다. 즉 시간이 지나면 극소수의 사람이 거의 모든 재산을 가지게 된다. 62명이 전세계 인구 반만큼의 재산을 가지고 있다는 옥스팜의 보고가 괜한 것이 아니다.

에르고드 이코노미

에르고드 경제학은 소수의 부자가 아닌
모두의 성장을 추구한다_____

이쯤에서 에르고드 경제학의 마지막 셋째 원리를 이야기하겠다.*
에르고드 경제학은 모두의 성장을 추구한다. 여기서 모두라는 말
이 중요하다. 총합이나 평균의 가면 뒤에 숨어 결과적으로 소수의
부자만 위하는 기존 경제학의 꼴이 되어서는 안될 일이다. 경제는
살림이고 살림은 어느 누구라도 굶길 수 없다.

　모두의 성장을 추구한다는 에르고드 경제학의 셋째 원리를 두
고 흠집을 내려는 시도가 많을 것이다. 그래서 미리 그러한 시도
에 대한 답을 달아 보겠다.

　에르고드 경제학은 기계적인 평등을 목표하지 않는다. 에르고
드 경제학은 전체 파이를 n분의 1로 나눠야 한다고 생각하지 않
는다. 그보다는 파이를 잘 키우는 게 중요한 경제의 과제라고 생
각한다. 기본적으로 에르고드 경제학은 성장을 지향한다.

　에르고드 경제학은 모든 사람의 소득이 똑같아야 한다고도 생
각하지 않는다. 소득은 각자의 일에 따라 다를 수 있다. 일을 잘하
고 못하고에 따라서도 소득의 차이는 존재하기 마련이다. 에르고

---

*에르고드 경제학의 첫째 원리는 일차원적 기준과 목적이 아닌 다차원적 기준과 목
적을 갖는다는 것이고, 둘째 원리는 단기적인 이익이 아니라 생존과 장기적인 성장을
추구한다는 것이었다.

드 경제학은 균등한 배급이 이상적이라고 생각하지 않는다.

에르고드 경제학이 완전한 경제적 평등을 이루려고 하지 않는 데는 마땅한 이유가 있다. 에르고드 경제학의 첫째 원리인 다차원의 목적 때문이다. 에르고드 경제학은 돈과 이익 이외의 영역과 목적이 삶에 있어야 한다고 믿는다. 돈으로 환산되거나 거래될 수 없는 고유한 가치를 갖는 영역과 목적이다.

그렇다면 모든 사람의 경제적 몫이 기계적으로 똑같을 수는 없다. 사람은 각자 자신만의 특별한 소질과 목표가 있기 마련이다. 그들 모두는 남에게 피해를 입히지 않는 범위 내에서 (스미스가 말한) 자신의 관심사와 염려^{own interest}를 챙길 수 있다. 그 형태와 방식은 각자가 다르지 않을 도리가 없다. 그렇기에 개인의 재산과 소득은 완전히 같을 수 없다. 만약 사람들의 경제적 몫이 기계적으로 똑같아야 한다면 그것은 모든 가치와 삶의 목적을 일차원적 기준, 즉 돈으로 환산해버리는 기존 경제학의 방법과 같게 된다.

하지만 동시에 에르고드 경제학은 모든 경제적 과실을 돈 많고 힘 있는 사람만 독차지하면 안 된다고 말한다. 경제에서 혼자 이루는 일이란 없다. 다 시스템 안에서 크건 작건 같이 만들어 낸 결과다.

다시 강조하지만 에르고드 경제학은 모두의 성장을 바란다. 그 모두에는 부자도 들어간다. 그런데 그들도 성장을 누려야 하지만 그렇지 않은 사람도 성장을 누려야 한다는 생각이다. 과거보다 잘 살고 싶은 마음은 부자나 빈자나 똑같다. 그들은 모두 똑같은 사람이다. 사람 위에 사람 없고 사람 밑에 사람 없다.

과거에는 신분이 세습되었다. 아버지가 왕이면 아들은 왕이 되었고 아버지가 노예라면 아들은 자동으로 노예가 되었다. 소수의 왕과 귀족은 다수의 평민과 노예에게 절대 권력을 휘둘렀다. 심지어 노예는 아예 사람으로 취급되지도 않았다. 평민의 딸은 결혼하려면 귀족에게 첫날밤을 바치거나 결혼세를 내야 했다. 오늘날의 기준으로 보면 그것은 지옥이나 다름없었다. 몇몇 이상한 나라를 빼면 최소한 이제 왕은 사라졌다.

신분은 사라졌지만 다른 것이 신분을 대신하기 시작했다. 과도하게 축적된 재산이었다. 세습되는 경제력은 시간이 갈수록 더욱 커졌다. 아버지가 회장이면 아들이 회장이 되었다. 소수의 회장 가족은 다수의 직원과 가사 도우미에게 절대에 가까운 권력을 휘둘렀다. 부자만 더욱 부자가 되는 일이 누적되면 벌어질 일이었다. 경제적 불평등이 깊어지면 피할 수 없는 결과였다.

그러면 어떻게 해야 할까? 첫 번째로 할 일은 불평등을 측정하는 일이다. 과거에 불평등이 어떠했으며 현재는 어떻게 변했는지를 알아야 한다. 이걸 알지 못한다면 무엇을 해야 할 지도 알 수 없게 된다. 불평등의 측정은 필수다.

불평등을 측정하는 지표가 그동안 없었을까? 그렇지는 않다. 다양한 지표가 제안되었다. 그런데 여기에 여러 문제가 있다.

한 가지 문제는 여러 지표 중 어느 것이 더 적합한지에 대한 합의가 이루어지지 않았다는 점이다. 비록 불완전하고 그릇된 지표일지언정 국내총생산으로 경제 성장을 확인할 수 있다는 것에 많은 사람들이 동의한 것과는 달랐다. 많은 사람들이 사용하다 보니 국내총생산은 저절로 중요성을 가지게 되었다. 하지만 불평등에 관해서는 그런 일을 기대하기가 어려웠다.

또 다른 문제는 실제로 불평등이 시간에 따라 어떻게 변화하는지를 제대로 추적하지 않았다는 점이다. 이는 사실 첫 번째 문제가 해결되면 자연스럽게 따라 해결될 문제기도 했다.

불평등을 어떻게 정의할 수 있을지 먼저 극단적인 상황을 생각해보자. 가령 가장 불평등한 상황은 한 명이 모든 것을 가지고 있고 나머지 사람은 아무 것도 가지고 있지 않을 때다. 조금만 생각해보면 이보다 더 불평등한 상태는 있을 수 없다는 것을 깨달을 수 있다. 반대로 가장 불평등하지 않은 상태, 즉 완전한 평등은 모든 사람이 정확하게 꼭 같은 재산을 가지고 있을 때다.

이제 불평등을 측정하는 몇 가지 지표를 알아보겠다. 그나마 가장 많이 알려진 지표는 지니계수다. 지니계수는 1912년 이탈리아 칼리아리대학의 코라도 지니가 만든 지표다. 지니계수는 최대로

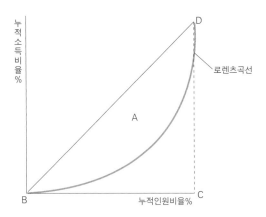

● 지니계수 $= \dfrac{A}{BCD}$

대각선(BD)는 소득이 완전균등상태일 때를 의미한다(완전균등선). 로렌츠곡선은 소득 격차가
커질수록 곡선이 아래로 늘어진다. 지니계수는 균등선 삼각형(△BCD)과 불균등면적(A)의 비
율이다.

불평등할 때 1이 나오고 완전한 평등일 때 0이 나오도록 계산식
이 만들어졌다.

　투자은행 크레디트스위스가 2019년에 발표한 보고서에 의하
면 한국의 재산 지니계수는 0.606으로 낮은 축에 속한다. 이게 가
장 낮은 나라는 기아의 자동차 공장이 있는 유럽의 슬로바키아로
0.498이다. 미국은 어떨까? 미국은 0.852다. 이러한 세 개의 데이
터를 갖고 선진국일수록 지니계수가 높기 마련이라는 추측을 할
사람이 있을 것 같다.

　세상은 그렇게 일차원적이지 않다. 얕잡아 볼 뜻은 없지만 선진

국이라고 하기는 어려운 인도네시아와 필리핀의 재산 지니계수
는 각각 0.833과 0.837이다. 즉 경제의 규모와 불평등의 정도 사
이에는 별다른 관계가 없다. 겉보기로는 잘 살아도 불평등이 심해
길거리를 어슬렁거리는 노숙자가 많은 나라도 있고, 1인당 국민
소득이 낮은데 불평등도 심각한 나라도 있다. 말하자면 불평등은
경제 수준과 독립적으로 존재하는 차원의 문제다.

지니계수는 불평등을 측정하는 한 가지 기준이기는 하나 아주
널리 사용되지는 않는다. 우선 지니계수는 불평등을 상대적으로
비교하는 지표라는 한계가 있다. 즉 파이의 크기가 같다는 가정하
에서 지표가 계산된다. 그렇기에 과거보다 전체적으로 소득이 늘
었을 때 지니계수가 따라 커지는 일이 벌어질 수 있다. 그런 면에
서 지니계수는 에르고드 경제학의 지표로는 알맞지 않다.

지니계수가 껄끄러운 또 다른 이유는 지니라는 사람의 한계 때
문이다. 그는 평생을 우생론자로 살았고 자기보다 한 살 많은 이
탈리아 파시즘의 수령Duce인 베니토 무솔리니를 열렬히 지지했다.
무솔리니의 가까운 지인이었던 지니는 1927년 『파시즘의 과학적
기반』이라는 글을 쓰기도 했다. 2차대전이 끝난 후에는 이탈리아
가 미국의 일부가 되어야 한다는 황당한 운동을 주도한 인물이
었다.

불평등을 측정하는 또 다른 지표로 20대20비가 있다. 20대20비

는 상위 20퍼센트에 해당하는 사람의 소득이나 재산이 하위 20퍼센트에 해당하는 사람의 소득이나 재산의 몇 배가 되는지를 계산한 비다. 최근 소득 기준으로 노르웨이의 20대20비가 4라면 미국은 9이고 브라질은 15가 넘는다. 한국은 5보다 약간 크다.

20대20비가 불평등을 관찰하는 한 가지 방법은 될 수 있을지 몰라도 전체의 그림이 되기에 부족한 면이 많다. 예를 들어, 20대20비가 낮아지는 동안 10대10비가 커졌다면 불평등이 줄었다고 해야 할지 늘었다고 해야 할지 아리송하다. 여기서 설명하지 않은 다른 불평등 지표들도 대개 비슷한 문제가 있다.

국내총생산과 1인당 국민소득을 대신할 국내민주생산은 무엇인가_____

앞에서 여러 차례 이야기했듯이 국가 경제를 대표하는 지표로 현재 국내총생산과 1인당 국민소득이 사용되고 있다. 이들 지표의 한계는 명확하다. 총량을 재고 그 총량으로 산술평균을 구하다 보니 국민 개개인의 소득이 실제로 얼마나 늘었는지 알 길이 없다.

불평등 문제와는 결이 다르지만 국내총생산에는 다른 윤리적 문제도 있다. 예전 금융감독원 국장으로 있을 때 만났던 사람에게 들은 이야기다. 그를 일단 나포리라고 부르겠다. 나포리는 한국은행을 다니다가 금융감독원이 생기면서 감독원 직원이 된 사람이었다. 심각하지 않은 자리에서 가벼운 이야기를 나누던 중 그는 당시 경제 침체를 화제로 올렸다. 미리 말하지만 그는 감독원 직원 중에서 그렇게 이상한 사람은 아니었다.

"우리나라의 경제 침체를 끝내려면 전쟁을 한 번 하는 것도 방법인데요. 전쟁이 나면 국내총생산이 대폭 올라가니까요."

깜짝 놀란 나는 "그런 소리 하면 안 돼요." 하며 그를 나무랐다. 내가 책을 쓰는 주제 중에 군사경제학도 있다는 것을 그가 알아서 한 말일 수 있었다. 하지만 그보다는 경제학을 전공한 사람으로 가득한 한국은행을 다니면서 주워들은 말일 가능성이 컸다. 어쨌거나 나포리는 진심이었다.

나포리의 말처럼 전쟁이 나면 국내총생산이 올라가는 것은 사실이다. 전쟁으로 부서진 건물과 도로의 피해는 국내총생산과 무관한 반면 재건과 복구에 쓴 돈은 국내총생산을 올린다. 말하자면 국내총생산을 끌어올리기 위해 우리는 멀쩡한 도시를 폭탄으로 때려 부술 수 있다. 더불어 폭탄으로 사람이 죽거나 다쳐도 국내총생산은 영향을 받지 않는다. 즉 나포리는 경제학의 관점에서 합리적인 이야기를 했던 것이다.

한편 불평등을 측정하는 지표에는 다른 문제가 있었다. 여러 지표가 제안되었을 뿐 불평등의 측정을 대표하는 지표가 아직 등장하지 않았다. 앞서 살펴본 바와 같이 각각의 지표에는 이러저러한 문제가 있었다.

'국가 경제의 성장을 나타내면서 동시에 불평등의 수준도 같이 측정하는 방법이 없을까?' 하는 생각이 들었다면 이제 마음을 내려 놓아도 된다. 실제로 그러한 지표가 있기 때문이다. 다시 말하지만 경제 성장 따로 그리고 불평등 따로 해서 2개의 지표가 필요하지 않다. 단 하나의 지표로써 그 두 가지를 동시에 해결할 수 있다.

그 지표의 이름은 바로 국내민주생산이다. '국민이 주인'이라는 뜻의 민주다. 누가 이것을 만들었고 왜 이런 이름이 붙었는지에 대해서는 조금 더 설명할 부분이 있다. 먼저 밝히자면 국내민주생산이라는 이름을 만든 사람은 런던수학연구소의 오울 피터스다.

국내민주생산을 형식을 갖추어 정의하기 전에 먼저 국내총생산으로 경제성장률을 구하는 과정을 살펴보겠다. 경제성장률은 금년의 국내총생산에서 작년의 국내총생산을 뺀 값을 작년의 국내총생산으로 나누어 구한다. 즉 작년에 비해 금년에 국내에서 팔린 물건이 몇 퍼센트나 늘었나를 본다. 조금 더 엄밀하게는 여기에 물가 변화를 감안해 보정해주는 부분이 추가된다.

$$경제성장률(\%) = \frac{금년도\ 국내총생산 - 전년도\ 국내총생산}{전년도\ 국내총생산} \times 100$$

국내총생산으로 구한 경제성장률은 돈의 크기에 따라 좌우된다. 달리 말해 1원이 1표의 권리를 갖는 셈이다. 모두가 작년보다 소득이 줄어도 단 한 명이 모두의 줄어든 소득을 초과해 돈을 벌면 국내총생산으로 구한 경제성장률은 양수가 나온다. 그 한 사람이 더 많은 돈을 가질수록 더 크게 경제가 성장했다고 결론 내린다.

이제 국내민주생산을 공식적으로 정의하겠다. 국내민주생산은 각 국민이 1년간 번 소득의 기하평균으로 구한다. 쉽게 말해 각 개인이 번 돈을 모두 곱한 후 국민 수의 역수를 지수로 가지면 된다.

국내민주생산 $= (I_1 \times I_2 \times \cdots \times I_N)^{\frac{1}{N}}$.

I_i는 i번째 국민의 연간 소득, N은 전체 국민 수

국내민주생산의 계산은 숫자 예로 설명하는 쪽이 쉽다. 가령 가람이라는 나라에 닻별, 잔별, 여우별이라는 세 명의 국민이 있다고 하자. 닻별은 작년에 4천만 원을 벌었지만 금년에는 3천만 원에 그쳤다. 잔별도 작년에는 6천만 원을 벌었지만 금년에 5천만 원으로 소득이 줄었다. 여우별은 작년에는 1억 원, 금년에는 1억 4천만 원을 벌었다. 국내총생산을 구해 보면 작년은 2억 원, 금년

은 2억2천만 원이다. 국내총생산으로 구한 가람의 경제성장률은 10퍼센트다. 이것만 보면 금년이 작년보다 더 잘살게 된 것 같다.

가람의 경제성장률(%)

$$= \frac{2.2억 원 - 2억 원}{2억 원} \times 100 = \frac{2천만 원}{2억 원} \times 100 = 10\%$$

가람의 국내민주생산은 어떨까? 작년은 4천만 원과 6천만 원과 1억 원을 곱한 후 거기에 1/3제곱을 하면 국내민주생산이 6,214만 원이 나온다. 올해는 3천만 원과 5천만 원과 1억4천만 원을 곱한 후 1/3제곱을 한 결과인 5,944만 원이다. 작년보다 금년의 국내민주생산이 줄었다. 그만큼 평균적인 국민이 느끼기에 작년보다 금년이 살기 나빠졌다고 말할 수 있다.

국내민주생산이 얼마나 줄었는지도 좀 더 엄밀하게 구해보자. 시간의 흐름에 따라 누적되는 변화이므로 로그로 나타내는 쪽이 자연스럽다. 구해보면 ln(5,944/6,214)로서 -0.044라는 음수가 나온다. 이 값은 로그의 결과라서 퍼센트라는 말을 쓰면 안 된다.

국내민주생산으로 구한 로그 경제성장률은 다른 방법으로도 구할 수 있다. 먼저 각 국민의 소득 변화율을 자연로그로 구한다. 닻별의 소득 변화율은 ln(3/4)이므로 -0.288이고, 잔별은 ln(5/6)

이므로 -0.182고, 여우별은 ln(14/10)이므로 0.337이다. 이들을 산술 평균하면 조금 전에 얻은 -0.044이 다시 나온다. 즉 국내민주생산의 경제성장률은 각 개인의 소득 로그성장률을 산술 평균한 값이기도 하다.

가람의 국내민주생산 경제성장률

$$= \ln\left(\frac{\text{가람의 금년도 국내민주생산}}{\text{가람의 전년도 국내민주생산}}\right) = \ln\left(\frac{5{,}944\text{만 원}}{6{,}214\text{만 원}}\right)$$

$$= -0.044$$

또는, 가람의 국내민주생산 경제성장률

$$= \frac{\ln\left(\dfrac{3}{4}\right) + \ln\left(\dfrac{5}{6}\right) + \ln\left(\dfrac{14}{10}\right)}{3} = \frac{-0.288 - 0.182 + 0.337}{3}$$

$$= -0.044$$

비교하자면 국내총생산의 경제성장률은 평균소득의 성장률이다. 그 평균소득이 1인당 국민소득이다. 반면에 국내민주생산의 경제성장률은 개인소득 성장률의 평균이다. 평균의 변화율이 변화율의 평균과 결코 같지 않다는 사실은 수학자들에게 너무나 친숙한 개념이다. 19세기말 코펜하겐에서 가까운 덴마크기술대학을 졸업한 후 코펜하겐전화회사의 엔지니어로 한평생 일한 요한

옌센이 증명한 일명 '옌센의 부등식'이 그것이다.

말하자면 국내민주생산으로 구한 경제성장률은 각 개인의 형편이 나아졌는지를 따진다. 달리 말해 한 명이 한 표의 권리를 갖는다. 모두가 작년보다 소득이 줄어도 단 한 명이 모두의 줄어든 소득을 초과해 돈을 벌 때 국내민주생산으로 구한 경제성장률은 거의 틀림없이 음수가 나온다. 여러분이 왕이나 귀족 혹은 특권층이 아니라면 어느 쪽이 더 의미가 있는 지표일지는 말할 필요도 없다.

경제를 파악하는 지표로서 1인당 국내총생산을 국내민주생산으로 대체하면 추가적인 혜택이 있다. 불평등을 측정하는 보다 엄밀한 지표를 이로부터 얻을 수 있기 때문이다. 이를 피터스 지수라고 부르도록 하겠다.

피터스 지수는 1인당 국내총생산의 자연로그에서 국내민주생산의 자연로그를 뺀 값으로 정의된다. 달리 말하면 국내민주생산에 비해 1인당 국내총생산이 얼마나 큰지를 자연로그로 니티낸 값이다. 불평등이 클수록, 즉 1인당 국내총생산이 국내민주생산보다 클수록 피터스 지수는 커진다.

피터스 지수 = ln(1인당 국내총생산) − ln(국내민주생산)

사실 피터스 지수는 이미 피터스가 유도하기 전부터 정의된 적이 있는 지표였다. 로그편차의 평균, 줄여서 평균로그편차[mean logarthimic deviation]라고 부르는 지표는 정확히 피터스 지수와 식이 같다. 또 에라스무스 로테르담대학의 헨리 타일이 만든 타일 지수 중에서도 피터스 지수와 같은 것이 있다. 그것은 타일의 두 번째 지수 혹은 테일의 L지수라는 이름으로 알려져 있다. 타일은 정보 이론의 관점에서 소득의 불평등을 정의해 자신의 지수를 얻었다.

옵션 이론의 기하브라운 운동은 부의 재분배에 관해 무엇을 알려주나_____

20세기 후반에 기하브라운 운동은 옵션 가격을 구하는 목적으로 많이 연구되었다. 오늘날 우리가 확률미적분이라고 부르는 분야다. 확률미적분은 추세적으로 변화하면서 동시에 우연의 요소가 개입되는 대상을 묘사하기에 알맞다. 금융자산의 가격 변화를 확률미적분으로 나타냄으로써 옵션과 같은 파생상품의 거래 가격을 구할 수 있다.

그러한 접근법을 고스란히 쓸 수 있는 대상이 바로 개인의 재산이다. 옵션을 거래하려고 만든 도구가 경제 성장과 불평등의 완화에도 사용될 수 있다는 뜻이다. 옵션의 거래는 사실 사회적인 가치가 그다지 높지 않은 행위다. 잘해야 본전이고 여차하면 금융

에르고드 이코노미

위기를 일으키는 주범이 된다. 그래도 돌아온 탕자처럼 지금부터라도 좋은 곳에 쓰일 수 있다면 즐거운 잔치를 벌일 일이다.

그렇다면 먼저 개인들의 재산이 기하브라운 운동을 따른다고할 때 어떤 결론을 얻을 수 있는지를 살펴보겠다. 첫 번째 결론은손을 전혀 대지 않는다면 재산의 분포가 결코 안정해질 수 없다는사실이다. 충분한 시간만 주어지면 한 명이 지구 상의 모든 재산을 가지게 된다. 마치 왕이 지배하던 시절로 돌아가는 것과 같다.

아닌 나라도 있지만 현재 우리는 왕 없이 산다. 또 개인마다 차이가 있지만 각자 약간의 재산도 있다. 그러니까 현실은 기하브라운 운동만큼 끔찍하지는 않다. 달리 말하면 우리는 우리의 현실을악몽에서 건져 낼 힘을 가지고 있다.

그러한 힘이 현실에서 확인이 됐다면 그 다음으로 할 일은 그것의 모형화다. 그 힘은 현실에서는 세금의 징수, 국가의 개입, 복지의 증진 등의 형태로 나타날 터다. 기하브라운 운동 자체에는그러한 힘이 없나. 그러므로 그들의 효괴를 나타낼 변수를 모형에포함시켜야 한다.

조금 전에 말한 변수는 곧 재분배에 해당한다. 재분배는 경제학이나 사회학에서 널리 사용되는 개념이다. 소득이 많을수록 더 많은 세금을 내게 하고 인간으로서 최소한의 존엄을 유지할 수 있도록 복지와 연금 제도를 운영하는 일은 민주국가의 중요한 책무다.

위와 같은 일을 수학적으로 어떻게 나타낼 수 있을까? 각자 재산의 일정 비율을 떼서 한 통에 넣고 그걸 모든 국민이 균등하게 나눠 갖는 게 한 가지 방법이다. 그 일정한 비율을 상징적인 의미에서 십시일반이라고 부르도록 하자. 원래 십시일반十匙一飯은 열 사람이 한 숟가락씩 내어놓으면 한 사람이 먹을 만한 양이 된다는 뜻이다. 즉 각자 재산의 1퍼센트를 기부한다면 십시일반이 1퍼센트다. 사회 인프라에 대한 투자나 교육 기회의 확충 등에 다같이 돈을 쓴다고 생각해도 좋다.

십시일반을 하면 각자 재산이 당장은 조금 준다. 재산이 많을수록 더 많은 돈을 내놓게 된다. 하지만 재산이 적은 사람도 적은 대로 내놓는다. 그렇게 모인 돈을 똑같이 나눠 가지면 부자는 조금 덜 부자가 되고 빈자는 조금 덜 빈자가 된다. 그렇다고 해서 부자의 돈이 늘어나지 않는 것은 아니다. 여전히 부자도 성장을 누릴 수 있다.

이처럼 재분배를 기하브라운 운동에 포함시키면 재산의 분포는 이제 더 이상 불안정하게 발산하지 않는다. 그 결과는 시간에 대해 안정한 역감마분포다. 단 여기에는 조건이 있다. 앞에서 가정한 일정 비율이 반드시 양수여야 한다는 조건이다. 만약 그 비율이 음수면 정반대의 일이 벌어진다. 즉 내는 돈이 일정한 금액이 되고 받는 돈은 자기가 가진 재산에 비례해서 받는다. 한마디로 기하브라운 운동보다 더 빠른 속도로 빈익빈 부익부가 된다.

피터스는 재분배가 포함된 기하브라운 운동으로 몬테카를로 시뮬레이션을 수행해봤다. 몬테카를로는 카지노로 유명한 유럽의 작은 도시국가다. 몬테카를로 시뮬레이션이란 컴퓨터로써 가상의 주사위를 던져 결과를 얻는 방법이다. 도박꾼 카르다노나 파스칼이 카지노에서 했던 것처럼 주사위를 던진다는 의미다. 옵션 트레이더로 일할 때 내가 하던 일이다. 몬테카를로 시뮬레이션이 행해진 최초의 대상은 20세기 중반의 원자폭탄 개발이었다.

과거 100년간의 실제 재산 데이터로 모형을 맞추면 무슨 일이 벌어질까? 적지 않은 시기 동안 십시일반이 음수로 확인되었다. 십시일반이 음수라면 가진 재산이 평균보다 적은 사람은 얼마 안 가 재산이 모두 사라지고 만다. 내는 돈은 정해진 상수고 들어오는 돈은 재산이 줄수록 더 줄어들기 때문이다. 결과적으로 많은 사람들이 음의 재산을 갖게 된다는 게 시뮬레이션의 결과였다.

이는 결코 공상의 산물이 아니다. 1980년대 이래로 미국의 하위 50퍼센트에 해당하는 사람들의 순자산은 전체의 0퍼센트에 가깝다. 순자산은 소유한 자산에서 빚을 뺀 값이다. 가장 높았을 때도 3퍼센트를 넘지 못했고 2007년 금융위기 이후로는 마이너스 1퍼센트까지 떨어졌다. 달리 말하면 이들 중 상당수는 순자산이 음수인, 즉 빚만 지고 있는 상태다.

왜 이런 일이 벌어지게 되는지를 이해하기는 별로 어렵지 않다. 들어오는 돈과 무관하게 나가는 돈이 일정하게 정해져 있으면 이런 일이 벌어진다. 생활비가 그중 일부의 역할을 하기는 했을 터다. 그러나 이것만큼은 아니기 쉽다. 그것은 바로 빌린 돈, 즉 대출의 이자다.

그렇다면 우리는 무엇을 할 수 있을까? 기하브라운 운동은 우리가 아무 것도 하지 않으면 불평등이 끝없이 심해질 거라는 사실을 알려 준다. 돈이 많지 않은 평범한 사람들이 돈을 더 많이 빌리도록 하면 불평등이 커질 거라는 사실도 알려 준다. 불평등이 더 이상 나빠지지 않고 어느 수준에서라도 안정화되기를 바란다면 양의 십시일반을 가지지 않을 수 없다. 그런 걸 하면 경제가 나빠진다는 경제학자의 말도 새겨들을 일이다. 그들의 얘기는 그들을 포함해 부자가 더 부자가 되어야 한다는 말이나 다름없으니 말이다.

에르고드 이코노미

방탄복과 국가 경제의 공통점은 무엇일까

이제 에르고드 경제학의 이야기를 마칠 때가 되었다. 에르고드 경제학의 세 가지 원리, 즉 다차원의 목적, 장기적 성장의 극대화, 모두의 성장은 이미 앞에서 다 이야기한 바다. 이 책을 마치면서 상징적인 질문을 던짐으로써 에르고드 경제학에 관한 여러분의 시야를 넓히고자 한다. 그 질문은 바로 방탄복과 국가 경제의 공통점은 무엇일까다.

먼저 초기의 방탄복이 어떤 원리에 의존했는지를 설명하겠다. 초기에는 두꺼운 판재를 몸에 걸쳐 신체를 보호했다. 기본적으로 총에서 발사된 탄환은 상당한 운동 에너지를 가지고 있다. 따라서 판재로 만든 방탄복으로 총탄을 막으려면 판재의 두께가 두껍지 않을 수 없다. 혹은 두께를 얇게 하려면 밀도가 큰, 즉 무게가 많이 나가는 소재를 사용해야 한다. 그렇게 만든 방탄복은 이론상 몸을 보호할 수는 있겠지만 실제로 입기에는 제약이 크다.

이런 방탄복의 이미지를 떠올리기는 실상 어렵지 않다. 딱 중세 때 유럽에서 쓰던 판금갑옷plate armor이 그랬다. 철판으로 만든 판금갑옷은 칼과 창의 공격을 능히 막아낼 수 있었다. 하지만 너무 무거운 나머지 시종이 옆에서 입고 벗는 걸 도와줘야 했다. 또 전투 중에 넘어지기라도 하면 일어서는 것조차 쉽지 않았다. 그러다 화약과 총포가 서양에 전파되면서 판금갑옷은 과거의 유물이 되어 버렸다. 안 입는 것보다는 낫겠지만 어쨌거나 총탄에 뚫리는 무거운 철판 쪼가리를 입을 이유가 없어진 탓이다.

총탄의 관통을 좀 더 기계공학 관점에서 자세히 살펴보겠다. 총탄의 운동에너지는 충돌하는 지점에 집중된다. 판재로 만든 방탄복이 총탄을 막아내는 힘은 탄환이 명중된 부분에 국한된다. 달리 말해 방탄복의 다른 부분은 해당 지점의 방탄에 거의 영향을 미치지 못한다. 명중된 국소 부위의 재료 자체가 총탄의 운동 에너지를 견뎌낼 수 있느냐 없느냐가 중요하다. 쉽게 말해 각자도생各自圖生, 즉 방탄복의 각 부위마다 제각기 살아 나갈 방법을 꾀해야 한다.

현대의 방탄복은 원리가 다르다. 대개 이들은 판재가 아닌 가느

　　　　　　　　　에르고드 이코노미

다란 합성 섬유로 만들어진다. 이러한 합성 섬유의 대표격인 케블라kevlar는 잡아당기는 힘에 버티는 능력, 즉 인장강도가 매우 높다. 합성 섬유로 만들어진 복잡한 그물 형태의 방탄복은 총탄의 운동에너지를 방탄복 전체로 분산시킨다. 그래서 같은 무게의 판재로 만든 방탄복에 비해 방탄 성능이 더 뛰어나다. 결과적으로 합성 섬유로 만든 방탄복은 공존동생共存同生, 즉 각 부위마다 함께 생존하고 같이 살아 나간다.

여러분은 이제 내가 무슨 이야기를 하려는 건지 충분히 짐작하고 있을 듯싶다. 국가 경제는 과거의 판금갑옷 같을 수도 있고 요즘의 방탄복 같을 수도 있다. 전자와 같으면 너의 실패는 네가 능력이 없고 못난 탓이다. 후자와 같다면 그게 누구든 혼자서만 죽지 않도록 주위에서 도움의 손길이 건네 온다. 전자가 냉혹한 정글이라면 후자는 따뜻한 공동체다.

그럼에도 불구하고 과거의 판금갑옷 같은 경제를 주장하는 사람이 여전히 있을 것 같다. 내 돈이 불어난 건 오로지 내가 잘나서고 그렇게 불린 돈은 모조리 내 돈이라고 믿는 것이다. 재분배와 같은 일은 쓸데없다 못해 공정에 반한다고 간주한다. 내가 불린 돈을 남과 나눈다는 생각은 그들에게 불경스럽기까지 하다.

그렇지만 그게 꼭 그렇게 볼 일이 아니다. 내가 불린 돈을 남들과 나누는 게 오히려 내 돈을 더 불리는 방법이 될 수 있어서다.

이 책 내내 그래왔듯이 이번에도 숫자를 가지고 증명해 보이겠다. 영감을 얻을 수 있는 상징적인 사례로 생각해도 좋을 것 같다.

나는 1억 원의 돈을 가지고 있다. 돈내기에 이기면 건 돈이 세 배로 늘어난다. 지면 3분의 1로 줄어든다. 나는 돈내기의 실력이 뛰어나다. 세 번 하면 두 번을 맞힌다. 즉 돈내기를 세 번 할 때마다 두 번은 세 배로 늘고 한 번은 3분의 1로 주니 결과적으로 돈이 세 배씩 불어난다. 다시 말해 나 혼자서 내 돈을 불리는 데 어려움이 없다.

여기서 남이 등장한다. 나처럼 남도 1억 원의 돈을 가지고 있다. 하지만 돈내기의 실력이 나보다 떨어진다. 돈내기를 세 번 하면 고작 한 번만 맞힌다. 즉 내가 이기면 남은 지고 내가 질 때 남이 이긴다. 남은 세 번 할 때마다 한 번은 세 배로 늘고 두 번은 3분의 1로 주니 결과적으로 돈이 3분의 1씩 줄어든다. 이를테면 남은 내가 가까이하고 싶지 않은 패배자다. 그런 루저와 내가 돈을 섞는다는 건 상상조차 하기 싫은 일이다.

재분배의 방법은 간단하다. 나와 남이 각각 돈내기를 한 후 돌아온 돈을 합쳐서 다시 나누는 거다. 나누는 방법은 좀 더 고민할 부분이 있다. 처음 돈이 1억 원으로 같았으니 반반씩 나눈다고 생각할 수도 있고 내가 남보다 돈내기를 자주 이기니 그 빈도를 감안해 내가 3분의 2를 갖고 남이 3분의 1을 갖는다고 생각할 수도 있다. 어느 쪽이든 크게 상관은 없다. 사소한 정량적 차이만 있을 뿐 정성적인 관점에서 둘의 결론은 달라지지 않는다.

그러면 한번 숫자를 보자. 첫 번째 내기에서 나는 이기고 남은 진다. 내 돈은 3억 원이 되고 남의 돈은 3분의 1억 원이 된다. 재분배를 하지 않으면 나는 돈이 3억 원으로 불어나 행복하다. 그런데 반반의 재분배를 하면 무슨 일이 벌어질까? 내 3억 원과 남의 3분의 1억 원을 합쳐 반으로 나눠 가지면 내 돈은 약 1억7천만 원에 불과하다. 3억 원을 가질 수 있던 걸 1억7천만 원에 그쳐야 한다니 이보다 더 억울할 일이 없을 듯싶다.

위와 같은 판단은 실로 섣부르다. 이 책을 여기까지 읽은 독자라면 에르고드 경제학의 세 가지 원리를 알고 있다. 그 둘째 원리가 바로 장기적 관점이다. 장기적으로 무슨 일이 벌어지는지를 확인하지 않고서는 제대로 된 판단을 할 수 없다.

두 번째 내기에서 내가 졌다고 가정하겠다. 내 돈은 이제 약 6천만 원으로 준다. 하지만 그게 끝이 아니다. 남의 돈이 5억 원으로 불어났다. 따라서 마찬가지로 반반의 재분배를 하면 내 돈은 이제 약 2억8천만 원이다. 이 결과와 비교할 대상은 재분배를 하지 않았을 때다. 재분배를 처음부터 하지 않았다면 내 돈은 다시 원래의 1억 원으로 줄어들었다. 재분배를 했을 때가 재분배를 하지 않았을 때보다 내 돈이 오히려 더 많아졌다.

이게 끝이 아니다. 세 번째 내기에서 내가 이긴다. 같은 방식으로 재분배를 하면 내 돈은 약 4억 6천만 원이다. 재분배를 하지 않았을 때의 3억 원보다 많다. 세 번이 아니라 삼십 번을 하면 차이가 더욱 커진다. 즉 재분배를 하는 게 내 돈이 더 크게 불어나는 방법이라는 얘기다. 장기적으로는 틀림없이 그렇다.

한편으로 나와 남이 똑같이 나누는 게 뭔가 심정적으로 불편한 사람도 있을 것 같다. 간단한 해결책이 있다. 남이 한 명이 아니라 각각 천만 원씩 가진 열 명, 혹은 백만 원씩 가진 백 명이라고 생각하면 될 일이다. 결론은 꼭 같다.

재분배는 중세의 판금갑옷을 현대의 케블라 방탄복으로 탈바꿈시킨다.

에르고드 이코노미

국내 자료(국역 포함)

권오상, 『투머치머니』, 인물과사상사, 2022.

권오상, 『억만장자가 되려면 대학을 중퇴해야 할까』, 클라우드나인, 2021.

권오상, 『혁신의 후원자 벤처캐피털』, 클라우드나인, 2020.

권오상, 『세 가지 열쇠』, 부키, 2019.

권오상, 『신금융선언』, 들녘, 2018.

권오상, 『오늘부터 제대로, 금융 공부』, 창비, 2018.

권오상, 『돈을 배우다』, 오아시스, 2017.

권오상, 『이기는 선택』, 카시오페아, 2016.

권오상, 『고등어와 주식, 그리고 보이지 않는 손』, 미래의창, 2015.

권오상, 『돈은 어떻게 자라는가』, 부키, 2014.

권오상, 『파생금융 사용설명서』, 부키, 2013.

권오상, 『기업은 투자자의 장난감이 아니다』, 필맥, 2013.

김근배, 『애덤 스미스의 따뜻한 손』, 중앙북스, 2016.

김재수, 『99%를 위한 경제학』, 생각의힘, 2016.

니알 키시타이니 지음, 김진원 옮김, 『경제학의 모험』, 부키, 2018.

다이앤 코일 지음, 김홍식 옮김, 『GDP 사용설명서』, 부키, 2018.

대릴 웨스트 지음, 홍지수 옮김, 『부자들은 왜 민주주의를 사랑하는가』, 원더박스, 2016.

더글러스 오크만 지음, 박홍용 옮김, 『주기도문과 채무 경제의 전복』, 새물결플러스, 2021.

데이비드 오렐 지음, 김원기 옮김, 『경제학 혁명』, 행성:B웨이브, 2011.

데이비드 프리스틀랜드 지음, 이유영 옮김, 『왜 상인이 지배하는가』, 원더박스, 2016.

라나 포루하 지음, 이유영 옮김, 『메이커스 앤드 테이커스』, 부키, 2018.

라스 트비드 지음, 안진환 옮김, 『비즈니스 사이클』, 위즈덤하우스, 2009.

로버트 프랭크 지음, 안진환 옮김, 『이코노믹 씽킹』, 웅진지식하우스, 2007.

로버트 프랭크, 필립 쿡 지음, 권영경, 김양미 옮김, 『승자독식사회』, 웅진지식하우스, 2008.

로버트 하일브로너, 레스터 서로 지음, 조윤수 옮김, 『한번은 경제 공부』, 부키, 2018.

류동민, 『9명의 경제학자들』, EBS BOOKS, 2022.

르몽드 디플로마티크 지음, 이푸로라 옮김, 『르몽드 비판 경제학』, 마인드큐브, 2019.

리즈 파텔 지음, 제현주 옮김, 『경제학의 배신』, 북돋움, 2011.

리처드 세일러 지음, 최정규, 하승아 옮김, 『승자의 저주』, 이음, 2007.

마이클 헬러, 제임스 살츠먼 지음, 김선영 옮김, 『마인』, 흐름출판, 2022.

마크 블라우그 지음, 연태훈, 옥우석 옮김, 『위대한 경제학자들』, 동인, 1994.

마크 블라이스 지음, 이유영 옮김, 『긴축』, 부키, 2016.

매슈 사이드 지음, 문직섭 옮김, 『다이버시티 파워』, 위즈덤하우스, 2022.

미셸 보 지음, 김윤자 옮김, 『자본주의의 역사』, 창작과 비평사, 1987.

스티브 코언, 브래드퍼드 들롱 지음, 정시몬 옮김, 『현실의 경제학』, 부키,

2017.

실비오 게젤 지음, 정봉수 옮김, 『자연스런 경제질서』, 퍼플, 2014.

안청시, 정진영, 『현대 정치경제학의 주요 이론가들』, 아카넷, 2003.

알랭 소랄 지음, 이현웅 옮김, 『그들이 세상을 지배해왔다』, 갈라파고스, 2013.

애덤 파이필드 지음, 김희정 옮김, 『휴머니스트 오블리주』, 부키, 2017.

우야마 다쿠에이 지음, 최미숙 옮김, 『역사로 읽는 경제』, 라이프맵, 2017.

월터 블록 지음, 이선희 옮김, 『디펜딩 더 언디펜더블』, 지상사, 2007.

윌리엄 맥어스킬 지음, 전미영 옮김, 『냉정한 이타주의자』, 부키, 2017.

윌리엄 파운드스톤 지음, 김현구 옮김, 『머니 사이언스』, 소소, 2006.

이정전, 『경제학을 리콜하라』, 김영사, 2011.

이철영, 임창규, 『임팩트 투자, 투자의 미래』, 스리체어스, 2019.

장하준 지음, 김희정 옮김, 『장하준의 경제학 강의』, 부키, 2014.

제이콥 솔 지음, 정해영 옮김, 『회계는 어떻게 역사를 지배해왔는가』, 메멘토, 2016.

제프 멀건 지음, 김승진 옮김, 『메뚜기와 꿀벌』, 세종서적, 2018.

조신, 『넥스트 자본주의, ESG』, 사회평론, 2021.

조지 애커로프, 로버트 쉴러 지음, 김태훈 옮김, 『야성적 충동』, 랜덤하우스, 2009.

조지프 히스 지음, 노시내 옮김, 『자본주의를 의심하는 이들을 위한 경제학』, 마티, 2009.

존 미클스웨이트, 에이드리언 울드리지 지음, 이진원 옮김, 『제4의 혁명』, 21세기북스, 2015.

존 윅스 지음, 권예리 옮김, 『1%를 위한 나쁜 경제학』, 이숲, 2016.

존 케네스 갤브레이스 지음, 장상환 옮김, 『경제학의 역사』, 책벌레, 2002.

질베르 리스트 지음, 최세진 옮김, 『경제학은 과학적일 것이라는 환상』, 봄날의책, 2015.

클리포드 더글라스 지음, 이승현 옮김, 『사회신용』, 역사비평사, 2016.

테리 번햄 지음, 서은숙 옮김, 『비열한 시장과 도마뱀의 뇌』, 갤리온, 2009.

테이번 페팅거 지음, 조민호 옮김, 『지루할 틈 없는 경제학』, 더난출판사, 2022.

프리드리히 폰 하이에크 지음, 민경국 옮김, 『자본주의냐 사회주의냐』, 문예출판사, 1990.

필립 로스코 지음, 홍기빈 옮김, 『차가운 계산기』, 열린책들, 2017.

하노 벡, 알로이스 프린츠 지음, 배명자 옮김, 『내 안에서 행복을 만드는 것들』, 다산초당, 2018.

헨리 조지 지음, 김윤상 옮김, 『진보와 빈곤』, 비봉출판사, 1997.

히가시타니 사토시 지음, 신현호 옮김, 『경제학자의 영광과 패배』, 부키, 2014.

해외 자료

Adkins, Lisa, Melinda Cooper and Martijn Konings, *The Asset Economy*, Polity, 2020.

Akerlof, George A. and Rachel E. Kranton, *Identity Economics*, Princeton University Press, 2010.

Aldred, Jonathan, *Licence to be Bad: How Economics Corrupted Us*, Allen Lane, 2019.

Ante, Spencer E., *Creative Capital*, Harvard Business Review Press, 2008.

Arnuk, Sal and Joseph Saluzzi, *Broken Markets*, FT Press, 2012.

Arvedlund, Erin, *Open Secret*, Portfolio, 2014.

Aven, Terje, *Misconceptions of Risk*, Wiley, 2010.

Banerjee, Abhijit and Esther Duflo, *Good Economics for Hard Times*, PublicAffairs, 2019.

Barabasi, Albert-Laszlo, The Formula: *The Universal Laws of Success*, *Little*, Brown and Company, 2018.

Bergstrom, Carl and Jevin D. West, *Calling Bullshit*, Random House, 2020.

Black, Fischer, *Exploring General Equilibrium*, MIT Press, 2010.

Bodek, Haim, *The Problem of HFT*, Decimus Capital Markets, 2013.

Bogle, John C., *The Clash of the Cultures: Investment vs. Speculation*, Wiley, 2012.

Borge, Dan, *The Book of Risk*, Wiley, 2001.

Bonner, William and Addison Wiggin, *The New Empire of Debt*, 2nd edition, Wiley, 2009.

Bookstaber, Richard, *A Demon of Our Own Design*, Wiley, 2007.

Bookstaber, Richard, *The End of Theory*, Princeton University Press, 2017.

Bouchaud, Jean-Philippe and Marc Potters, *Theory of Financial Risk and Derivative Pricing*, Cambridge University Press, 2003.

Bowles, Samuel, *The Moral Economy*, Yale University Press, 2016.

Bram, Uri, *Thinking Statistically*, CreateSpace, 2013.

Brenner, Reuven Gabrielle A. Brenner and Aaron Brown, *A World of Chance*, Cambridge University Press, 2008.

Brown, Aaron, *Red-Blooded Risk*, Wiley, 2012.

Brown, Ellen H., *The Web of Debt*, Third Millennium Press, 2008.

Buchanan, John et al, *Hedge Fund Activism in Japan*, Cambridge University Press, 2012.

Carlson, Robert C., *Invest like a Fox not like a Hedgehog*, Wiley, 2007.

Celati, Luca, *The Dark Side of Risk Management*, FT Prentice Hall, 2004.

Cohen, Ronald, *Impact*, Ebury Press, 2020.

Cohen, Stephen S. and J. Bradford DeLong, *The End of Influence*, Basic Books, 2010.

Cooper, George, *Fixing Economics*, Harriman House, 2016.

Cooper, George, *The Origin of Financial Crisis*, Vintage, 2008.

Coyle, Diane, *Cogs and Monsters*, Princeton University Press, 2021.

Coyle, Diane, GDP: *A Brief but Affectionate History*, Princeton University Press, 2014.

Dellanna, Luca, *Ergodicity*, Independently published, 2020.

Dellanna, Luca, *The Control Heuristic*, Independently published, 2020.

Dellanna, Luca, *The Power of Adaptation*, Independently published, 2018.

Dowd, Kevin, *Measuring Market Risk*, 2nd edition, Wiley, 2005.

Drobny, Steven, *The Invisible Hands*, Wiley, 2010.

Duffie, Darrell, *Dynamic Asset Pricing Theory*, 3rd edition, Princeton University Press, 2001.

Duke, Annie, *How to Decide*, Portfolio, 2020.

Einhorn, David, *Fooling Some of the People All of the Time*, Wiley, 2008.

Ekeland, Ivar, *The Broken Dice*, The University of Chicago Press, 1993.

Ellenberg, Jordan, *How Not To Be Wrong: The Power of Mathematical Thinking*, Penguin, 2015.

Emerson, Jed, *The Purpose of Capital*, Blended Value Group Press, 2018.

Enrich, David, *Dark Towers: Deutsche Bank, Donald Trump, and an Epic Tail of Destruction*, Custom House, 2020.

Feustel, Elihu D. and Geroge S. Howard, *Conquering Risk, Academic Publications*, 2010.

Fisher, Irving, *The Debt-Deflation Theory of Great Depressions*, 1933, CreateSpace Independent Publishing Platform

Frank, Robert H., *Under the Influence*, Princeton University Press, 2020.

에르고드 이코노미

Frey, Bruno S. and David Iselin, *Economic Ideas You Should Forget*, Spinger, 2017.

Gilboa, Itzhak, *Making Better Decisions*, Wiley-Blackwell, 2011.

Gilboa, Itzhak, *Rational Choice*, MIT Press, 2010.

Gilboa, Itzhak, *Theory of Decision under Uncertainty*, Cambridge University Press, 2009.

Gollier, Christian, *The Economics of Risk and Time*, MIT Press, 2001.

Hagstrom, Robert G., *Investing*, Texere, 2000.

Halmos, Paul R., *Lectures on Ergodic Theory*, Dover, 2017.

Hansen, Lars P. and Thomas J. Sargent, *Robustness*, Princeton University Press, 2007.

Hazlitt, Henry, *Economics in One Lesson*, Three River Press, 1979.

Hoffman, Donald, *The Case Against Reality*, W. W. Norton & Company, 2019.

Housel, Morgan, *The Psychology of Money*, Harriman House, 2020.

Hubbard, Douglas W., *The Failure of Risk Management*, Wiley, 2009.

Hubbard, Glenn, *The Wall and the Bridge*, Yale University Press, 2022.

Hudson, Michael, *...and Forgive Them Their Debts*, ISLET, 2018.

Hulme, Oliver et al, "Ergodicity-breaking reveals time optimal decision making in humans", arXiv preprint arXiv:1906.04652, 2019.

Johnson, Eric J., *The Elements of Choice*, Riverhead Books, 2021.

Joshi, Mark, *More Mathematical Finance*, Pilot Whale Press, 2011.

Joshi, Mark, *The Concepts and Practice of Mathematical Finance*, Cambridge University Press, 2003.

Ivashina, Victoria and Josh Lerner, *Patient Capital*, Princeton University Press, 2019.

Kahneman, Daniel, *Thinking, Fast and Slow, Farrar*, Straus and Giroux, 2013.

Katsikopoulos, Konstantinos V. et al, *Classification in the Wild*, The MIT Press, 2021.

Katz, Jeffrey O. and Donna L. McCormick, *Advanced Option Pricing Models*, McGraw Hill, 2005.

Keen, Steve, *The New Economics*, Polity, 2022.

King, Mervyn and John Kay, *Radical Uncertainty*, W. W. Norton & Company, 2020.

King, Thomas A., *More Than a Numbers Game: A Brief History of Accounting*, Wiley, 2006.

Knight, Frank H., *Risk, Uncertainty, and Profit*, Signalman Publishing, 2009.

Krakauer, David C., *Worlds Hidden in Plain Sight*, Santa Fe Institute Press, 2019.

Krueger, Alan B., *Rockonomics*, Currency, 2019.

Krugman, Paul, *The Conscience of a Liberal*, Norton, 2007.

Kucharski, Adam, *The Perfect Bet*, Basic Books, 2016.

Kuruc, Alvin, *Financial Geometry*, FT Prentice Hall, 2003.

Laplace, Marquis de, *A Philosophical Essay on Probabilities*, Dover, 1951.

Levitin, Daniel J., *A Field Guide to Lies Age*, Dutton, 2016.

Levitt, Steven D. and Stephen J. Dubner, *When to Rob a Bank*, William Morrow, 2015.

Lewis, H.M., *Why Flip a Coin?*, Wiley, 1997.

Lo, Andrew W., *Hedge Funds*, Princeton University Press, 2008.

MacKenzie, Donald, *Trading at the Speed of Light*, Princeton University Press, 2021.

Maclean, Leonard M et al, *The Kelly Capital Growth Investment Criterion*, World Scientific, 2011.

Mallaby, Sebastian, *The Power Law*, The Penguin Press, 2022.

Mankiw, N. Gregory, *Intermediate Macroeconomics*, 7th edition, Palgrave Macmillan, 2009.

Martin, Roger L., *When More is Not Better*, Harvard Business Review Press, 2020.

Mauboussin, Michael J., *The Success Equation*, Harvard Business Review Press, 2012.

Mazzucato, Mariana, *The Value of Everything*, PublicAffairs, 2018.

McCauley, Joseph L., *Dynamics of Markets*, Cambridge University Press, 2004.

McCloskey, Deirdre Nansen, *Bettering Humanomics*, University of Chicago Press, 2021.

Metrick, Andrew and Ayako Yasuda, *Venture Capital and the Finance of Innovation*, 2nd edition, Wiley, 2011.

Michaels, David, *The Triumph of Doubt*, Oxford University Press, 2020.

Miller, Ross M., *Experimental Economics*, Wiley, 2002.

Milo, Daniel S., *Good Enough*, Harvard University Press, 2019.

Minsky, Hyman P., *Stabilizing an Unstable Economy*, McGraw Hill, 2008.

Neftci, Salih N., *An Introduction to the Mathematics of Financial Derivatives*, 2nd edition, Academic Press, 2000.

Neftci, Salih N., *Principles of Financial Engineering*, Elsevier, 2004.

Nicholas, Tom, VC: *An American History*, Harvard University Press, 2019.

O'Connor, Cailin and James Owen Weatherall, *The Misinformation Age*, Yale University Press, 2020.

Ormerod, Paul, *Butterfly Economics*, Faber and Faber, 1998.

Olson, Erika S., *Zero-Sum Game*, Wiley, 2011.

Orrell, David, *Quantum Economics: The New Science of Money*, Icon Books, 2018.

Otteson, James R., *Seven Deadly Economic Sins*, Cambridge University Press, 2021.

Owen, Deborah and Robin Griffiths, *Mapping the Markets*, The Economist, 2006.

Page, Scott E., *The Difference*, Princeton University Press, 2008.

Page, Scott E., *Diversity and Complexity*, Princeton University Press, 2011.

Page, Scott E., *The Diversity Bonus*, Princeton University Press, 2017.

Page, Scott E., *The Model Thinker*, Basic Books, 2018.

Peters, Ole, "The ergodicity problem in economics", Nature Physics 15, p.1216-1221, 2019.

Peterson, Martin, *An Introduction to Decision Theory*, Cambridge University Press, 2009.

Patterson, Scott, *Dark Pool*, Crown Business, 2012.

Pepper, Gordon, *The Liquidity Theory of Asset Prices*, Wiley, 2006.

Pistor, Katharina, *The Code of Capital*, Princeton University Press, 2019.

Portnoy, Brian, *The Investor's Paradox*, St. Martin's Press, 2014.

Purica, Ionut, *Nonlinear Dynamics of Financial Crises*, Academics Press, 2015.

Quinn, William and John D. Turner, *Boom and Bust*, Cambridge University Press, 2021.

Rajan, Raghuram G., *Fault Lines*, Princeton University Press, 2010.

Ramsinghani, Mahendra, *The Business of Venture Capital*, 2nd edition, Wiley, 2014.

Rawarth, Kate, *Doughnut Economics*, Chelsea Green Publishing Company, 2018.

Rebonato, Riccardo, *Plight of the Fortune Tellers*, Princeton University Press, 2007.

Reich, Robert B., *Saving Capitalism*, Knopf, 2015.

Reinhart, Carmen M. and Kenneth S. Rogoff, *This Time is Different*, Princeton University Press, 2009.

Ritchie, Stuart, *Science Fictions*, Metropolitan Books, 2020.

Rittenberg, Libby and Timothy Tregathen, *Principles of Microeonomics*, Flatworld Knowledge, 2013.

Rodin, Judith and Saadia Madsbjerg, *Making Money Moral*, Wharton School Press, 2021.

Rodrik, Dani, *Economics Rules*, W. W. Norton & Company, 2015.

Ross, Sheldon M., *An Introduction to Mathematical Finance*, Cambridge University Press, 1999.

Ross, Stephen, A., Randolph W. Westerfield and Jeffrey Jaffe, *Corporate Finance*, 6th edition, McGraw Hill, 2002.

Roth, Alvin E., *Who Gets What - and Why*, Eamon Dolan/Houghton Mifflin Harcourt, 2015.

Rubinstein, Mark, *A History of the Theory of Invesmtments*, Wiley, 2006.

Savage, Leonard J., *The Foundations of Statistics*, Dover, 1972.

Schelling, Thomas C., *Micromotives and Macrobchavior*, Norton, 1978.

Schrager, Allison, *An Economist Walks into a Brothel*, Portfolio, 2019.

Schwed, Fred Jr., *Where are the Customers' Yachts?*, Wiley, 1995.

Scott, Bruce R., *The Concept of Capitalism*, Springer, 2009.

Shirreff, David, *Dealing with Financial Risk*, The Economist, 2004.

Shleifer, Andrei, *Inefficient Markets*, Oxford University Press, 2000.

Sibony, Olivier, *You're About to Make a Terrible Mistake*, Little, Brown Spark, 2020.

Simon, Morgan, *Real Impact*, Bold Type Books, 2017.

Skidelsky, Robert, *John Maynard Keynes*, Macmillan, 2003.

Smith, Adam, *The Money Game*, Vintage, 1976.

Smith, Ed, *Luck: What It Means and Why It Matters*, Bloomsbury Publishing, 2012.

Smith, Vernon and Bart J. Wilson, *Humanomics*, Cambridge University Press, 2019.

Smith, Vernon, *Rationality in Economics*, Cambridge University Press, 2008.

Sol, Jacob, *Free Market*, Basic Books, 2022.

Sornette, Didier, *Why Stock Markets Crash*, Princeton University Press, 2003.

Spitznagel, Mark, *The Dao of Capital*, Wiley, 2013.

Stewart, Ian, *Do Dice Play God?: The Mathematics of Uncertainty*, Profile Books, 2019.

Stiglitz, Joseph E., Amartya Sen and Jean-Paul Fitoussi, *Mis-Measuring Our Lives*, The New Press, 2010.

Stowell, David P., *Investment Banks, Hedge Funds and Private Equity*, 2nd edition, Academic Press, 2013.

Taleb, Nassim N., *Antifragile*, Random House, 2012.

Taleb, Nassim N., *Dynamic Hedging*, Wiley, 1997.

Taleb, Nassim N., *Fooled by Randomness*, Texere, 2001.

Taleb, Nassim N., *Skin in the Game*, Random House, 2018.

Taleb, Nassim N., *Statistical Consequences of Fat Tails*, STEM Academic Press, 2020.

Taleb, Nassim N., *The Bed of Procrustes*, Random House, 2010.

Taleb, Nassim N., *The Black Swan*, Random House, 2007.

Tett, Gillian, *Anthro-Vision*, Avid Reader Press / Simon & Schuster,

2021.

Tett, Gillian, *The Silo Effect*, Simon & Schuster, 2015.

Tirole, Jean, *The Theory of Corproate Finance*, Princeton University Press, 2006.

Washburn, Alan R., *Two-Persons Zero-Sum Games*, 3rd edition, INFORMS, 2003.

Wilmott, Paul, and David Orrell, *The Money Formula*, Wiley, 2017.

Wright, Tom and Bradley Hope, *Billion Dollar Whale*, Hachette Books, 2018.

Yazhari, Eva, *The Good Your Money Can Do*, The Conscious Investor Press, 2021.

Yoeli, Erez and Moshe Hoffman, *Hidden Games*, Basic Books, 2022.

Yudkowsky, Eliezer, *Inadequate Equilibria*, Machine Intelligence Research Institute, 2017.

| 찾아보기(인명) |

에르고드 이코노미

에르고드 이코노미

에르고드 이코노미

지은이 권오상

서울대학교 기계설계학과를 졸업하고 한국과학기술원 기계공학과에서 석사, 미국 캘리포니아 버클리대학교 기계공학과에서 박사학위를 받았고, 프랑스 인시아드INSEAD 경영대학원에서 MBA를 취득했다. 금융감독원 복합금융감독국장과 연금금융실장을 역임했고 현재 벤처캐피털회사 프라이머사제파트너스의 공동창업자이자 공동대표다. 저서로『투머치머니』,『혁신의 후원자 벤처캐피털』,『신금융선언』,『오늘부터 제대로, 금융 공부』,『돈을 배우다』,『고등어와 주식, 그리고 보이지 않는 손』,『돈은 어떻게 자라는가』,『파생금융 사용설명서』,『억만장자가 되려면 대학을 중퇴해야 할까』등이 있다.

에르고드 이코노미

왜 경제학은 우리의 삶을 반영하지 못할까?

발행일   2023년 9월 30일 (초판 1쇄)

지은이   권오상
펴낸이   이지열
펴낸곳   미지북스
            서울시 마포구 잔다리로 111(서교동 468-3) 401호
            우편번호 04003
            전화 070-7533-1848   팩스 02-713-1848
            mizibooks@naver.com
            출판 등록 2008년 2월 13일 제313-2008-000029호

편집   서재왕, 이지열
본문디자인   정연남
출력   상지출력센터
인쇄   한영문화사

ISBN   979-11-90498-52-4 03320

값   16,800원

블로그 http://mizibooks.tistory.com
트위터 http://twitter.com/mizibooks
페이스북 http://facebook.com/pub.mizibooks